जीवन को समझने और जीने का मनोविज्ञान

अमरजीत पासवान

AF679064

समर्पण

“मेरी माँ के लिए, जिनकी कमी भी मुझे प्यार और

हिम्मत देती है।

मेरे पिता के लिए, जो अपनी उपस्थिति से मुझे

साहस और सही राह दिखाते हैं।”

यह किताब उन्हीं के आशीर्वाद से मुमकिन हुई है।

प्रस्तावना

यह किताब सिर्फ कुछ ज्ञान की बातें बताने के लिए नहीं लिखी गई है। इसे लिखने की प्रेरणा एक छोटी सी ज़रूरत से मिली, यह समझने की ज़रूरत कि हम अपनी बात कैसे कहते हैं और जो हम नहीं कह पाते, उसे कैसे समझा जाए।

रोज़मर्रा की ज़िंदगी में हम बहुत कुछ बोल जाते हैं, लेकिन अक्सर हमें खुद भी पता नहीं होता कि हमारे उन शब्दों का असली मतलब क्या है। "जीवन को समझने और जीने का मनोविज्ञान" इसी दूरी को कम करने की एक कोशिश है।

अभिव्यक्ति का मतलब सिर्फ शब्द नहीं होते। इसमें हमारी आवाज़ का उतार-चढ़ाव, हमारी चुप्पी, हमारे इशारे और वह सब कुछ शामिल है जो हम बिना बोले ही कह देते हैं। असल में, यह किताब ढेर सारी जानकारी जमा करने के बारे में नहीं है। यह रुकने, गौर करने और दुनिया को बिना किसी पुराने पूर्वाग्रह के, साफ-साफ देखने के बारे में है।

यह किताब आपको कुछ 'सिखाने' का दावा नहीं करती, बल्कि आपको खुद को गहराई से देखने का न्योता देती है। इसमें जो भी बातें हैं, वे असल ज़िंदगी की बातचीत, सुकून के पलों और आत्म-चिंतन से निकली हैं।

अगर यह किताब आपको खुद को समझने में या दुनिया को थोड़े बेहतर ढंग से देखने में मदद कर सकी, तो मेरा मकसद पूरा हो जाएगा। क्योंकि अभिव्यक्ति सिर्फ बोलने का तरीका नहीं है, और विश्लेषण सिर्फ सोचने का ढंग नहीं है, यह जीवन को जीने का एक नज़रिया है।

For feedback or permission requests: aashiamarjeet@gmail.com© 2026 Amarjeet Paswan. All rights reserved.

अनुक्रम

अध्याय 1

सब कुछ अभिव्यक्त करता है

भाग 1: हर चीज़ बोलती है

हम जिस दुनिया में रहते हैं, वह हर पल हमसे संवाद करती है। यह आवाज़ हमें तब सुनाई देती है जब हम केवल आँखों से देखने के बजाय, चीज़ों को गहराई से महसूस करना शुरू करते हैं। अपनी बात कहने के लिए हमेशा शब्दों की ज़रूरत नहीं होती; सच तो यह है कि बहुत कुछ बिना कहे ही व्यक्त हो जाता है। अगर हम गौर से देखें, तो हर वस्तु, हर व्यक्ति और हर परिस्थिति में एक अनकहा संदेश छिपा होता है। इसे सतही तौर पर नहीं समझा जा सकता, बल्कि इसके लिए गहरी संवेदनशीलता की ज़रूरत होती है।

जब सुबह का सूरज अपनी सुनहरी चमक के साथ धीरे-धीरे उगता है, तो वह केवल उजाला नहीं फैलाता, बल्कि एक नई शुरुआत और उम्मीद का संदेश देता है। वैसे ही, जब हवा के झोंकों से कोई विशाल पुराना पेड़ झुकता है, तो वह केवल हवा का प्रभाव नहीं, बल्कि विनम्रता का प्रतीक होता है। एक छोटा बच्चा किसी को देखकर खिलखिलाता है, तो वह केवल खेल नहीं रहा, बल्कि अपने मासूम दिल की शुद्ध खुशी ज़ाहिर कर रहा है। ये बातें किसी किताब में नहीं लिखीं, फिर भी जीवन का बहुत बड़ा सबक देती हैं।

हमारे आसपास की हर चीज़ अपने अस्तित्व मात्र से संवाद करती है। एक बंद खिड़की इशारा करती है कि या तो भीतर कोई नहीं है, या कोई अकेला रहना चाहता है। वहीं, एक खुला दरवाज़ा स्वागत और अपनेपन का एहसास कराता है। एक टूटा हुआ खिलौना महज़ एक वस्तु नहीं है; वह किसी के बचपन की यादों, अधूरी इच्छाओं और भावनाओं की कहानी सुनाता है।

बिना बोले भी बहुत कुछ समझा जा सकता है

कभी-कभी हम किसी ऐसे व्यक्ति को देखते हैं जो कुछ नहीं कहता, पर उसका चेहरा और उसकी आँखें मानसिक स्थिति के बारे में बहुत कुछ बयाँ कर देती हैं। अगर कोई बोझिल कदमों से चल रहा है, तो मुमकिन है कि वह थका हुआ या उदास हो। बार-बार आँखें पोंछना किसी गहरे दुख का संकेत हो सकता है। इन भावनाओं को समझने के लिए शब्दों की नहीं, बल्कि 'ऑब्जर्वेशन' की ज़रूरत होती है।

प्रकृति भी लगातार बोलती है। बारिश की बूंदें जब मिट्टी पर गिरती हैं, तो वे केवल धरती को गीला नहीं करतीं, बल्कि रूह को छूकर शांति का संदेश देती हैं। ठंडी हवा का एक झोंका जब चेहरे को छूता है, तो वह पुरानी धुंधली यादों को ताज़ा कर देता है। प्रकृति

के ये इशारे हमें जीवन के गहरे अर्थों पर विचार करने के लिए मजबूर कर देते हैं।

इंसानों की चुप्पी भी बहुत कुछ कहती है। किसी का शांत बैठे रहना, अचानक कमरे से बाहर चले जाना या नज़रे चुराना, ये सब इशारे हैं। अक्सर लोग अपनी भावनाओं को शब्दों में नहीं पिरो पाते, पर उनकी खामोशियाँ बहुत प्रभावशाली होती हैं। जैसे एक बच्चा अपनी माँ को देखकर रोने लगता है, तो उसके आंसू और बेचैनी ही बता देते हैं कि उसे भूख लगी है या वह डरा हुआ है।

जगहें और चीज़ें भी यादें दिलाती हैं

यह दुनिया एक खुली किताब की तरह है, जिसे पढ़ने के लिए किसी विशेष व्याकरण की ज़रूरत नहीं है। बस ज़रूरत है तो अपने मन के शोर को शांत करने की। जब हम रुककर गहराई से देखना सीखते हैं, तो हमें एहसास होता है कि हर पल कुछ न कुछ कह रहा है।

सालों से बंद पड़ी एक पुरानी घड़ी हमें बताती है कि समय भले ही न रुकता हो, पर कुछ यादें वहीं थम जाती हैं। फ्रेम में मुस्कुराती एक तस्वीर उस व्यक्ति की गैर-मौजूदगी में भी घर के कोने से हमसे बात करती रहती है। बचपन की उन गलियों से गुज़रते हुए जहाँ हम कभी खेलते थे, वहाँ की दीवारें और पेड़ हमें अनजाने में पुकारते हैं। वहाँ कोई हो या न हो, पर उस जगह की ऊर्जा में बिता हुआ कल आज भी ज़िंदा महसूस होता है।

एक खाली स्कूल की इमारत हो या फसल कटने के बाद का कोई खेत, वहाँ की शांति उन कहानियों की गूंज होती है जो वहाँ घट चुकी हैं। ये शब्दहीन अनुभव हमारी इंद्रियों के ज़रिए हमें जीवन के चक्र का एहसास कराते हैं।

सुनना एक कला है, जो भीतर से सीखी जाती है

जीवन की बहुत सी गुत्थियाँ तब सुलझती हैं जब हम 'सुनने' के लिए तैयार होते हैं। सुनना केवल कानों से आवाज़ सुनना नहीं है, बल्कि 'भीतर से सुनना' है। जब हम अपनी व्यस्तता से थोड़ा ब्रेक लेते हैं और अपने भीतर के शोर को शांत करते हैं, तब आसपास की चीज़ें अपनी अनकही भाषा में जवाब देने लगती हैं।

एक लेखक जब खामोशी से बैठकर दुनिया को देखता है, तो उसे पत्तों की सरसराहट और धूप के बदलते रंगों में भी एक कहानी नज़र आती है। यहीं से सच्ची रचनात्मकता (creativity) का जन्म होता है। हर इंसान के भीतर अभिव्यक्ति की असीम क्षमता होती है। एक चित्रकार रंगों से बोलता है, एक संगीतकार सुरों से अपनी बात कहता है, और एक किसान मिट्टी से संवाद करता है।

इसलिए, यह कहना कि केवल बोलना या लिखना ही अभिव्यक्ति है, बहुत सीमित सोच है। असली अभिव्यक्ति तो वह है जो हर पल घट रही है। जब हम इस अनकही भाषा को समझने लगते हैं, तो जीवन और भी समृद्ध और अर्थपूर्ण हो जाता है। इस अध्याय का मूल उद्देश्य यही है कि हम उस 'अभिव्यक्ति' को पहचानें जिसे हम अक्सर अनदेखा कर देते हैं। जब हम जीवन को इस नज़रीये से देखते हैं, तो हम केवल घटनाओं को नहीं पढ़ते, बल्कि उनके पीछे छिपे गहरे संदेशों को भी समझ पाते हैं। यही समझ हमें एक बेहतर और जागरूक जीवन की ओर ले जाती है।

भाग 2: अभिव्यक्ति के तीन रूप: शब्द, भावना और मौन

अक्सर लोग बहुत कुछ बोलते हैं, पर उनकी बातें दिल तक नहीं पहुँच पातीं। वहीं, कभी-कभी कोई एक शब्द भी नहीं बोलता, लेकिन उसका हर पल और हर हरकत एक गहरी बातचीत बन जाती है।

अभिव्यक्ति का मतलब सिर्फ बोलना या लिखना नहीं है; यह तो वह हर तरीका है जिससे कोई इंसान, कोई चीज़ या कोई स्थिति अपनी मौजूदगी का एहसास कराती है। हम शब्दों का इस्तेमाल करते हैं, नज़ारों को देखते हैं और भावनाओं को महसूस करते हैं। जब हम इन तीनों को एक साथ समझने की समझ (Consciousness) विकसित कर लेते हैं, तब जाकर अभिव्यक्ति का असली और पूरा रूप हमारे सामने आता है।

रिश्तों में अक्सर यह अजीब विडंबना देखने को मिलती है कि लोग लगातार बातें तो करते हैं, पर एक-दूसरे को समझ नहीं पाते। ऐसा इसलिए होता है क्योंकि हम सिर्फ शब्दों को सुनते हैं, उनके पीछे छिपी भावनाओं को नहीं पढ़ पाते और 'मौन' की कहानियों को अनसुना कर देते हैं। जब कोई कहता है, "मैं ठीक हूँ," तो क्या वह वाकई ठीक है? अगर आप उसकी आँखों, चेहरे या आवाज़ के लहजे पर थोड़ा भी गौर करेंगे, तो सच्चाई कुछ और ही निकलकर आएगी। यही वह पल है जहाँ भावनाएँ और खामोशी, शब्दों से कहीं ज़्यादा गहराई और सच्चाई से बात करती हैं।

एक उदाहरण देखिए: आप अपने किसी खास दोस्त से मिलने जाते हैं जो हाल ही में किसी बड़ी मुश्किल से गुज़रा है। वह आपसे कहता है, "सब ठीक है," लेकिन उसकी नज़रें झुकी हुई हैं, आवाज़ में हल्की सी थरथराहट है और वह आपसे आँखें मिलाने से बच रहा है। अगर आप सिर्फ उसके शब्दों पर भरोसा करेंगे, तो आप उस तक पहुँच ही नहीं पाएंगे और उसे अकेलापन महसूस होगा। लेकिन अगर आप उसकी बॉडी लैंग्वेज और उसकी खामोशी को पढ़ लेंगे, तो आप समझ जाएंगे कि वह दुखी है और उसे आपके साथ और सहारे की ज़रूरत है। शब्दों से परे जाकर यह संवेदनशीलता ही हमें सही मायनों में 'इंसान' बनाती है।

मौन और इशारों की गहराई

खामोशी अभिव्यक्ति का एक बहुत ही शक्तिशाली और सूक्ष्म रूप है, और इसे पढ़ना सीखना बेहद ज़रूरी है। कई बार लोग शांत होते हैं, पर उनका मौन ही अपने आप में एक पूरा संदेश होता है। जब माता-पिता अपने बच्चे की गलती पर कुछ नहीं कहते, बस एक गहरी और अर्थपूर्ण नज़र डालते हैं, तो वह नज़र ही अपने आप में एक पूरी सीख बन जाती है, जिसमें प्यार, निराशा और उम्मीद, सब कुछ शामिल होता है। इसी तरह, जब दो प्रेमी एक-दूसरे के सामने बस चुपचाप बैठते हैं, तो वह खामोशी एक ऐसा सुकून और जुड़ाव पैदा करती है जिसे शब्द कभी बयाँ नहीं कर सकते। यह मौन कोई खाली जगह नहीं है, बल्कि एक गहरा अनुभव है जो किसी भी बोले गए शब्द से कहीं ज़्यादा असरदार हो सकता है।

अभिव्यक्ति का तीसरा ज़रूरी रूप है 'इशारे' (Gestures), जो हमारे शरीर के ज़रिए व्यक्त होते हैं। चेहरे के हाव-भाव, आँखों का घूमना, बैठने का तरीका, चलने की रफ़्तार, हाथों की हरकत, ये सब बिना एक भी शब्द बोले इंसान के मन की स्थिति, उसके आत्मविश्वास या उसकी बेचैनी को ज़ाहिर कर देते हैं। जैसे एक बच्चा परीक्षा से पहले घबराहट में नाखून काटता है, तो वह बिना बोले बता रहा होता है कि वह कितना डरा हुआ है। वैसे ही, जब कोई कर्मचारी अपने बॉस के सामने सीधा बैठने के बजाय झुककर बैठता है, तो वह उसकी असहजता या दबाव को दिखाता है।

ये तीनों रूप, शब्द, भावना और इशारे, तभी सबसे ज़्यादा असरदार होते हैं जब ये एक साथ मिलकर काम करें। अगर कोई गुस्से में भरकर और तल्ख़ आवाज़ में कहे, "मैं तुमसे बहुत नाराज़ हूँ," तो उसकी बात सच्ची लगती है। लेकिन अगर यही बात कोई हंसते हुए या मज़ाकिया लहजे में कहे, तो इसका मतलब ही बदल जाता है। यहाँ शब्द वही हैं, पर साथ जुड़ी भावनाओं और इशारों ने पूरे अर्थ को ही बदल दिया।

जब एक बच्चा बिना कुछ कहे अपनी माँ को कसकर गले लगा लेता है, तो वह महज़ एक शारीरिक क्रिया नहीं, बल्कि सुरक्षा और प्यार से भरी एक पूरी बातचीत होती है। इसी तरह, जब दो पुराने दोस्त बिना बोले एक-दूसरे को देखकर बस मुस्कुरा देते हैं, तो वह मुस्कुराहट बरसों की साझा यादों और अनकही समझ को ज़िंदा कर देती है। यह संवाद रूह से रूह तक पहुँचता है।

सच्चा संवाद: जब मन और भावनाएँ एक हो जाएं

बोलने की सबसे बड़ी चुनौती यही है कि जो हम भीतर महसूस कर रहे हैं, उसे शब्दों के ज़रिए पूरी ईमानदारी से बाहर ला सकें। अगर हमारी भावनाएँ हमारे शब्दों से मेल नहीं खातीं, तो हमारी बातें खोखली और अविश्वसनीय लगती हैं। यही कारण है कि लोग अक्सर कहते हैं, "उसकी बातें तो ठीक थीं, पर मुझे उन पर यकीन नहीं हुआ।" भरोसा तब बनता है जब जो कहा जाए, वही महसूस भी किया जाए। शब्द, भावना और मौन का यही तालमेल एक सच्चा और प्रभावी संवाद बनाता है।

आज के डिजिटल दौर में, जहाँ सब कुछ बहुत तेज़ी से बदल रहा है, इस गहराई को बचाए रखना और भी ज़रूरी हो गया है। कोई सोशल मीडिया पर मुस्कुराती हुई फोटो के साथ एक सकारात्मक कैप्शन डाल सकता है, लेकिन मुमकिन है कि वह भीतर से पूरी तरह टूटा हुआ या अकेला महसूस कर रहा हो। यहाँ शब्द भी हैं और भावनाएँ (फोटो के ज़रिए) दिखाई भी जा रही हैं, पर क्या हम उस 'मौन' को महसूस कर पा रहे हैं जो कुछ न कहते हुए भी बहुत कुछ कह रहा है? अक्सर हम नहीं कर पाते। इसीलिए हम डिजिटल शब्दों की भीड़ में भी खुद को अकेला पाते हैं, क्योंकि हमने सिर्फ भाषा को चुना और खामोशियों को समझना छोड़ दिया।

अक्सर यह भी देखा गया है कि कुछ लोग बोलते तो बहुत अच्छा हैं, पर वे दूसरों की आँखों में आँखें डालकर बात नहीं कर पाते। यहाँ

शब्द तो हैं, पर ईमानदारी और आत्मीयता की कमी है। दूसरी ओर, कुछ लोग ज़्यादा नहीं बोलते, पर उनकी मौजूदगी ही इतनी सुकूनदेह होती है कि हमें शांति महसूस होती है। यह हमें याद दिलाता है कि कभी-कभी मौन, शब्दों से कहीं ज़्यादा संवेदशील और ताकतवर हो सकता है।

कला में भी यह अभिव्यक्ति और भी निखर कर आती है। जब एक नर्तक (dancer) बिना एक शब्द बोले सिर्फ अपनी आँखों और शरीर की मुद्राओं से पूरी कहानी कह देता है, तो दर्शक उस भावना की गहराई को महसूस कर पाते हैं। इसी तरह एक चित्रकार के रंग और साये उन जटिल विचारों को व्यक्त करते हैं जो शब्दों की सीमा से परे हैं।

हमारे परिवारों में भी ये तीनों रूप लगातार काम करते हैं। माँ की एक नज़र ही बता देती है कि उन्हें क्या पसंद है और क्या नहीं। पिता की खामोशी शब्दों से कहीं ज़्यादा गहरा असर डालती है। ये सारे अनुभव हमें सिखाते हैं कि बातचीत करना सिर्फ 'बोलना' नहीं है; यह तो जीने की, समझने की और रिश्तों को गहरा बनाने की एक अनमोल कला है।

अंत में, शब्द, भावना और मौन, ये तीनों मिलकर दुनिया को देखने का एक पूरा नज़रिया बनाते हैं। ये हमें सिर्फ बातचीत करना ही नहीं सिखाते, बल्कि हमें एक बेहतर और संवेदनशील इंसान बनाते हैं। जो व्यक्ति अभिव्यक्ति के इन तीनों रूपों को एक साथ समझना सीख लेता है, वही जीवन को उसकी पूरी गहराई और खूबसूरती के साथ जी पाता है।

भाग 3: विषय और विचार: वो दो सवाल जो सब कुछ स्पष्ट कर देते हैं

जब कोई कुछ कहता है, कुछ करता है, या हमारे सामने कोई स्थिति पैदा होती है, तो हम अक्सर मान लेते हैं कि हमने उसे समझ

लिया। लेकिन हमारा यह 'समझना' सिर्फ देखने और सुनने तक ही सीमित होता है। हम किसी चीज़ को असलियत में तभी समझ पाते हैं, जब हम उसमें मौजूद 'विषय' और 'विचार' को अलग-अलग पहचान सकें। 'विषय' (Subject) का मतलब है वह वस्तु, घटना या व्यक्ति जिसके बारे में बात हो रही है। और 'विचार' (Idea) का मतलब है उस विषय के बारे में जो भी बात हो रही है—भीतर छिपी हुई भावना, नज़रिया या उसका असली अर्थ।

अगर हम किसी की बात या व्यवहार की गहराई तक पहुँचना चाहते हैं, तो हमें खुद से दो सवाल पूछने चाहिए: "विषय क्या है?" और "इसका विचार क्या है?" जब हम इन दो सवालों को मन में रखते हैं, तो कोई भी बातचीत, इशारा या परिस्थिति धीरे-धीरे हमारे सामने अपनी परतें खोलने लगती है। हम किसी चीज़ की गहराई को तभी पकड़ पाते हैं, जब हमें पता हो कि असल में बात क्या हो रही है और उस बात को लेकर महसूस क्या किया जा रहा है।

खिड़की के पास बैठा वह बुजुर्ग: एक गहरी नज़र

एक बुजुर्ग व्यक्ति रोज़ घर के एक कोने में, एक ही जगह बैठकर खिड़की के बाहर देखते रहते हैं। घर के बाकी सदस्य इसे बढ़ती उम्र का असर मान लेते हैं। लेकिन अगर कोई रुककर एक पल के लिए उनकी आँखों में झाँके, तो उसे वहाँ एक 'इंतज़ार' दिखाई देगा। यह इंतज़ार किसी पुराने रिश्ते का हो सकता है, गुज़रे हुए ज़माने का हो सकता है, या उस ज़िंदगी का हो सकता है जिसमें कभी शोर था, बातचीत थी और उनकी भागीदारी थी। यहाँ बुजुर्ग का चुपचाप बैठना 'विषय' (Subject) है, लेकिन उस बैठने के पीछे छिपी भावना उनका 'विचार' (Idea) है। अगर हम सिर्फ विषय को देखेंगे, तो वे बस एक शांत बैठे हुए इंसान हैं। पर जब हम उनके विचार को पढ़ते हैं, तो वे हमारे लिए एक पूरी जीती-जागती कहानी बन जाते हैं।

अंकों से परे: छात्र की आंतरिक दुनिया

एक छात्र परीक्षा में कम अंक लाता है। माता-पिता कहते हैं कि वह मेहनत नहीं करता, टीचर कहते हैं कि वह पढ़ाई में कमज़ोर है। लेकिन कोई यह नहीं पूछता कि वह भीतर क्या महसूस कर रहा है। हो सकता है कि वह किसी डर से घिरा हो, या उसके मन में किसी बात को लेकर उथल-पुथल चल रही हो। उसके कम नंबर 'विषय' हैं, लेकिन उन नंबरों के पीछे छिपा डर, लाचारी या समझ की कमी 'विचार' है। अगर हम सिर्फ विषय पर प्रतिक्रिया देते हैं, तो हम सज़ा देते हैं। लेकिन अगर हम विचार को समझ लेते हैं, तो हम उसके पास बैठकर उसे सहारा देते हैं।

जुड़ाव की अनकही भाषा

हमारी भाषा, हमारी बातचीत, हमारी अभिव्यक्ति और हमारा मौन, इन सब में 'विषय' और 'विचार' दोनों होते हैं। कोई कहता है, "मुझसे अभी बात मत करो।" हम तुरंत नाराज़ हो जाते हैं। लेकिन अगर हम उस वाक्य के विषय और विचार को समझने की कोशिश करें, तो शायद पता चले कि वह व्यक्ति किसी अंदरूनी तनाव से गुज़र रहा है या किसी बात से टूट चुका है। वह खुद को बयाँ नहीं कर पा रहा और उस लाचारी में उसने यह बात कह दी। अगर हम सिर्फ शब्दों को पकड़ेंगे, तो रिश्ते टूटेंगे। लेकिन अगर हम भावना (विचार) को पकड़ लेंगे, तो हम जुड़ जाएंगे।

कला का असली अर्थ: नज़रों से आगे

एक कलाकार अपनी पेंटिंग में गहरे काले रंग का इस्तेमाल करता है। देखने वाला कहता है कि यह 'उदासी' है। लेकिन कलाकार कहता है कि यह 'मौन' है, 'शांति' है, 'गहराई' है। रंग वही है, लेकिन जैसे ही नज़रिया बदलता है, विचार बदल जाता है। यही विषय और विचार की शक्ति है। जो हमें दिखाई देता है, वह विषय है; लेकिन जो

उसके पीछे से झांकता है और जो भीतर ही भीतर कुछ कहता है, वही असली विचार है।

रिश्तों में छुपी अनकही बातें

रिश्तों में अक्सर ऐसा होता है कि इंसान बिना कुछ कहे ही बहुत कुछ कह देता है। मान लीजिए, एक बच्चा किताबें खोलकर बैठा है, लेकिन उसकी आँखें दरवाज़े की तरफ हैं। माँ पूछती है, "क्या हुआ?" बच्चा कहता है, "कुछ नहीं।" यहाँ विषय है, उसका जवाब और किताबों के साथ बैठना। लेकिन विचार यह हो सकता है कि वह खेलना चाहता है, या किसी का इंतज़ार कर रहा है, या किसी डर की वजह से पढ़ाई में मन नहीं लगा पा रहा। अगर माँ सिर्फ उसके शब्दों पर यकीन करेगी, तो बात वहीं खत्म हो जाएगी। लेकिन अगर वह उसके भीतर के विचार को समझ लेगी, तो वह उसके मन को पढ़ पाएगी।

संवेदनशीलता को जगाना: जीवन का दोहरा रूप

विषय और विचार का यह मेल ज़िंदगी की हर स्थिति में मौजूद है। किसी समारोह में कोई कोने में चुपचाप बैठा है, लोग सोचते हैं कि वह घमंडी है। लेकिन अगर कोई पास जाकर मुस्कुराए, तो शायद वह व्यक्ति बोल पड़े कि वह यहाँ पहली बार आया है और किसी को नहीं जानता। उसका कोने में बैठना 'विषय' था, लेकिन उसका संकोच और अनजानापन 'विचार' था। जब हम इन दोनों को अलग-अलग पढ़ते हैं, तो हमारे भीतर संवेदनशीलता पैदा होती है। हमारी तुरंत प्रतिक्रिया (Reaction) रुक जाती है और उसकी जगह 'समझ' ले लेती है।

धर्मग्रंथों को समझने का गहरा नज़रिया

धर्मग्रंथों को भी इसी नज़रिये से पढ़ा जाना चाहिए। जब गीता कहती है, "कर्म करो, फल की चिंता मत करो," तो यहाँ विषय है,

'कर्म'। लेकिन विचार है, 'निस्वार्थ भाव', 'लगाव से मुक्ति' और 'उद्देश्य की स्पष्टता'। अगर हम सिर्फ शब्दों को देखते हैं, तो अर्थ सतही रह जाता है। लेकिन अगर हम भावना (विचार) को पढ़ते हैं, तो वह अर्थ जीवन में उतरने लगता है।

गहरी समझ का अभ्यास: जीवन की हर परत

विषय और विचार की यह समझ दर्शन, कला, साहित्य, रिश्तों और जीवन की हर परत के लिए ज़रूरी है। जब हम किसी की बात सुनें, तो यह जानने की कोशिश करें कि उस वाक्य का विषय क्या है और वह उस बारे में कहना क्या चाहता है। जब कोई चुप हो, तो देखें कि वह खामोशी किस बारे में है। जब कोई हंस रहा हो, तो पूछें कि उसकी हंसी किस भावना से जुड़ी है।

विषय और विचार को अलग-अलग पहचानना हमें जीवन को गहराई से देखने वाली आँख देता है। हम सिर्फ शब्दों के पीछे नहीं भागते, बल्कि उनके पीछे की अनकही भाषा को भी समझते हैं। यही समझ 'सच्चे विश्लेषण' (True Analysis) की शुरुआत है। यही वह अभ्यास है जो हमें ऊपरी समझ से हटाकर एक गहरे अनुभव की ओर ले जाता है।

जब हम इसका लगातार अभ्यास करते हैं, तो हम अपने भीतर भी झांकने लगते हैं। हम खुद से पूछने लगते हैं कि "मैं जो कह रहा हूँ, उसका विषय क्या है और मेरा असली विचार क्या है?" तब हमारे शब्दों में ईमानदारी आती है। हम दूसरों के शब्दों में छिपे मौन को सुनने लगते हैं। और यही सुनना, यही समझना, हमें एक बेहतर, दयालु और मुकम्मल इंसान बनाता है।

भाग 4: अभिव्यक्ति को पढ़ना और समझना: सतही नज़र से गहरे विश्लेषण तक का सफर

जब हम यह मान लेते हैं कि हमारे आसपास की हर चीज़ लगातार कुछ न कुछ अभिव्यक्त कर रही है, तो एक बड़ा सवाल

उठता है: क्या सिर्फ ऊपर-ऊपर से देख लेना या सुन लेना काफी है? अक्सर हम किसी को सुनकर या देखकर यह दावा कर देते हैं कि हमने उसे समझ लिया, पर यह समझ अधूरी होती है। सुनना और देखना तो बस शुरुआत है; असली 'समझ' तक पहुँचने के लिए एक गहरा सफर तय करना पड़ता है, जिसे हम 'विश्लेषण' (Analysis) कहते हैं।

'जानना' और 'समझना': दो अलग-अलग आयाम

'जानने' का मतलब है सिर्फ जानकारी या तथ्यों को इकट्ठा करना, जबकि 'समझने' का अर्थ है उस छिपे हुए मतलब, उसकी गहराई और उससे जुड़ी मानवीय भावनाओं को अपने भीतर उतार लेना। लोगों के पास जानकारियाँ तो बहुत होती हैं, पर वे उससे जुड़े मानवीय अनुभव को नहीं पकड़ पाते। उदाहरण के लिए, किसी बीमारी का नाम जान लेना महज़ एक 'सूचना' है, लेकिन उस मरीज़ के दर्द, उसके संघर्ष और उसकी मानसिक स्थिति को महसूस करना 'गहरी समझ' है। यही समझ हमारे भीतर करुणा और एक बड़ा नज़रिया पैदा करती है।

अक्सर हम किसी की बात सुनते ही या उसकी कोई हरकत देखते ही तुरंत नतीजे पर पहुँच जाते हैं। लेकिन किसी अभिव्यक्ति के पीछे छिपी सच्ची भावना और परिस्थिति को समझने के लिए बहुत धैर्य और संवेदनशीलता चाहिए। सोचिए, एक बच्चा जिसका प्यारा खिलौना टूट गया है, वह बड़ी शांति से कहता है, "कोई बात नहीं, मुझे आदत है।" हमें लग सकता है कि बच्चा बहुत समझदार हो गया है, पर क्या हमने उसकी आँखों की उदासी या उसकी दबी हुई आवाज़ पर गौर किया? हो सकता है कि वह समझदारी नहीं, बल्कि बार-बार मिलने वाली निराशा से पैदा हुई लाचारी हो। शब्दों के पार जाकर अनकही कहानियों को पढ़ने की आदत डालना ही सच्चा विश्लेषण है।

विश्लेषण की राह के रोड़े

गहरे विश्लेषण के सफर में कुछ बड़ी रुकावटें आती हैं: जैसे पहले से बनी हुई धारणाएं, जल्दबाज़ी में नतीजे निकालना और नई स्थितियों को पुराने अनुभवों के चश्मे से देखना। अगर कोई छात्र अचानक चुप रहने लगे या पढ़ाई में पिछड़ जाए, तो एक शिक्षक को तुरंत उसे आलसी नहीं मान लेना चाहिए। हो सकता है वह किसी मानसिक दबाव या पारिवारिक समस्या से जूझ रहा हो। बिना गहराई से जाने उसकी खामोशी को 'लापरवाही' का नाम दे देना हमें उसकी असली ज़रूरतों तक पहुँचने से रोक देता है।

इंसान की एक बड़ी कमज़ोरी यह है कि वह आज की स्थिति को कल के कड़वे अनुभवों से तौलता है। जिसे पहले धोखा मिला हो, वह हर नए इंसान की नीयत पर शक करता है। विश्लेषण तब गलत हो जाता है जब हम 'वर्तमान' को 'अतीत' के रंगों से धुंधला कर देते हैं। हकीकत को देखने के लिए हमें अपने डरों, पूर्वाग्रहों और सोच के पुराने ढांचों से ऊपर उठना होगा।

जीवन में गहरी समझ की कला

ज़िंदगी की हर स्थिति और हर इंसान को एक खुली किताब की तरह पढ़ना ही असली हुनर है। जैसे एक बच्चा जीवन की स्वाभाविक भाषा से बोलना सीखता है, वैसे ही अगर हम जीवन की जटिल स्थितियों को 'पढ़ना' सीख जाएं, तो हम सिर्फ शब्द नहीं सुनेंगे, बल्कि उनके पीछे छिपे इरादों और संदेशों को भी समझ लेंगे। सबसे प्रभावी विश्लेषण वही है जहाँ हम किसी व्यक्ति या स्थिति को बिना किसी पूर्वधारणा (Preconception) के उसके पूरे रूप में देखें।

हमारा मन समय बचाने के लिए अक्सर 'क्विक डिसीजन' लेने की कोशिश करता है, पर यही जल्दबाज़ी गलतफहमियाँ पैदा करती है। हमें इस प्रवृत्ति को धीमा करना होगा। अगर कोई दोस्त अचानक

बात करना बंद कर दे, तो हमारा मन कहेगा कि वह नाराज़ है। लेकिन गहरा विश्लेषण शायद यह दिखाए कि वह थका हुआ है या किसी बड़ी उलझन में है। यह समझ हमें रिश्तों को टूटने से बचाने में मदद करती है।

करुणा, विवेक और सही फैसलों की दिशा

जब हम किसी की स्थिति, उसके संघर्ष और उसकी भावनाओं को को पूरी तरह समझ लेते हैं, तो हमारे भीतर करुणा (compassion) और सहानुभूति (Empathy) खुद-ब-खुद जाग उठती है। तब हम सिर्फ 'जज' (Judge) नहीं करते, बल्कि महसूस करते हैं। विश्लेषण का यही मानवीय पहलू हमें सिर्फ दिमागी तौर पर ही नहीं, बल्कि दिल से भी संवेदनशील बनाता है।

यही कला धर्मग्रंथों और दार्शनिक विचारों को समझने में भी काम आती है। किसी आध्यात्मिक बात को सिर्फ शब्दों में पढ़ना उसका सार खो देना है। "हर दिन को पूरी तरह जियो" का मतलब सिर्फ मौज-मस्ती नहीं है। गहरा विश्लेषण बताता है कि इसका अर्थ है: हर पल में पूरी तरह उपस्थित रहना, हर अनुभव को गौर से देखना और अतीत की उलझनों या भविष्य की चिंताओं में खोए बिना 'आज' को होशपूर्वक जीना।

देखने से समझने तक का सफर

विश्लेषण हमें संवेदनशील बनाता है और हमें मानवीय फैसले लेने में मदद करता है। हम सिर्फ यह नहीं देखते कि "क्या हुआ," बल्क़ि यह भी देखते हैं कि "क्यों हुआ" और "कैसे हुआ।" जब यह अभ्यास जीवन का हिस्सा बन जाता है, तो हम हर छोटी चीज़ को एक नए नज़रिए से 'पढ़ने' लगते हैं। मिट्टी में खेलता बच्चा सिर्फ धूल से सना बच्चा नहीं, बल्कि मासूमियत और आज़ादी का प्रतीक लगने लगता है।

देखने से जानने तक, जानने से समझने तक, और समझने से गहरी करुणा तक का यह सफर ही विश्लेषण का पहला और सबसे महत्वपूर्ण कदम है। हर अभिव्यक्ति को एक गहरे संदेश के रूप में पहचानना ही जीवन के साथ एक नया और समृद्ध रिश्ता बनाता है। यह पुस्तक आपको इसी नज़रिए को अपनी रोज़मर्रा की ज़िंदगी में उतारने में मदद करेगी।

भाग 5: अभिव्यक्ति और विश्लेषण का दैनिक जीवन में संगम

अभिव्यक्ति को समझना और विश्लेषण में माहिर होना बहुत ज़रूरी है। सिद्धांत हमें जानकारी तो देते हैं, लेकिन लगातार अभ्यास ही उस समझ को जीवन का हिस्सा बनाता है। आज की भागदौड़ भरी ज़िंदगी में, किसी भी स्थिति को सही ढंग से पढ़ने और समझने की काबिलियत न केवल हमें बेहतर फैसले लेने में मदद करती है, बल्कि हमारे मन में स्थिरता और संतुलन भी लाती है। जब हम अपनी भावनाओं को सही से पहचान लेते हैं, तो हम खुद को और दूसरों को भी बेहतर तरीके से समझ पाते हैं।

इस कला का अभ्यास करने के लिए हमें किसी बड़े मौके का इंतज़ार करने की ज़रूरत नहीं है। असली अवसर तो उन छोटी-छोटी बातों में छिपे होते हैं जिन्हें हम अक्सर अनदेखा कर देते हैं। सोचिए, आपकी माँ बिना कुछ बोले सुबह आपके सामने चाय का प्याला रख देती हैं। यह महज़ दिन की शुरुआत नहीं है, बल्कि अनकहे प्यार और एक खामोश संवाद की गहरी अभिव्यक्ति है। ज़िंदगी की ऐसी ही छोटी-छोटी बातों को पहचानना हमारी समझ को बड़ा बनाता है।

इसी तरह, अगर किसी दोस्त की मुस्कुराहट थोड़ी फीकी लगे, तो सिर्फ उस 'मुस्कुराहट' को देखकर मत रुक जाइए। उसके पीछे छिपी थकान, किसी अनकहे बोझ या एक खामोश पुकार को पढ़ने की कोशिश कीजिए। हमारे इशारे, चेहरे के भाव और आँखों की

चमक अक्सर शब्दों से कहीं ज़्यादा बात करते हैं। जब हम इन संकेतों पर ध्यान देते हैं, तो हम हकीकत को एक नए और समृद्ध नज़रिए से देखना शुरू कर देते हैं।

रोज़मर्रा की घटनाएँ: विश्लेषण की पाठशाला

अपनी रोज़ की मुलाकातों को विश्लेषण का एक अभ्यास केंद्र मानिए। जब कोई आपसे रूखा व्यवहार करे, तो तुरंत पलटकर जवाब देने के बजाय एक पल के लिए रुकिए। खुद से पूछिए: क्या यह सिर्फ उसका मिज़ाज है, या वह किसी गहरी उलझन या तनाव से जूझ रहा है? जब कोई बात आपको परेशान करे, तो सोचिए: "यह बात किस बारे में थी?" और "इसका असली मतलब क्या था?" ये सरल से सवाल हमें जल्दबाज़ी में प्रतिक्रिया देने से रोकते हैं। यह अभ्यास धीरे-धीरे आपकी सोच को ज़्यादा सटीक, संवेदनशील और संतुलित बना देता है।

यह अभ्यास सिर्फ दूसरों को समझने के लिए ही नहीं, बल्कि खुद को जानने के लिए भी उतना ही ज़रूरी है। हम अक्सर कहते हैं, "मुझे कुछ समझ नहीं आ रहा!" या "मुझसे अब और नहीं होगा।" लेकिन अगर हम अपने अंदर की इन आवाज़ों का शांति से विश्लेषण करें, तो हम अपनी घबराहट या अनसुलझे सवालों की जड़ तक पहुँच सकते हैं। अपनी भावनाओं को समझना और उन्हें संभालना ही हमारे रिश्तों को मज़बूत बनाता है।

डिजिटल संवाद में विश्लेषण की अहमियत

आज की डिजिटल दुनिया में हमारी बातचीत अक्सर मैसेज, ईमेल या सोशल मीडिया तक सिमट गई है। यहाँ सही विश्लेषण की ज़रूरत और भी बढ़ जाती है, क्योंकि यहाँ हम न तो सामने वाले की आवाज़ सुन पाते हैं और न ही उसका चेहरा देख पाते हैं।

जब कोई सिर्फ "ठीक है" (Okay) लिखता है, तो क्या वह वाकई ठीक है या वह अंदर से परेशान है? इसे समझने के लिए शब्दों से

आगे बढ़ना होगा। पिछली बातचीत, उसके लिखने का अंदाज़ और शब्दों के चुनाव पर गौर करने से उस छोटे से "Okay" के पीछे की असली कहानी समझ आ सकती है। विश्लेषण हमें उस 'अनदेखी भाषा' को पढ़ने की शक्ति देता है, जिसके बिना डिजिटल दुनिया में संवाद अधूरा है।

अपनी अभिव्यक्ति की ज़िम्मेदारी

जितना ज़रूरी दूसरों को समझना है, उतना ही ज़रूरी है खुद को सही ढंग से व्यक्त करना। हमें गौर करना चाहिए कि हम कैसे बोलते हैं, कब चुप रहते हैं और कैसे प्रतिक्रिया देते हैं। अगर लोग हमें नहीं समझ पा रहे, तो हमें देखना चाहिए कि क्या हमारी अपनी अभिव्यक्ति साफ थी? क्या हमारी भाषा, लहजा और खामोशी वही कह रहे थे जो हम कहना चाहते थे? अगर हम चाहते हैं कि दूसरे हमें सही समझें, तो यह हमारी ज़िम्मेदारी है कि हमारा संवाद साफ़ और ईमानदार हो।

रोज़मर्रा की स्थितियाँ: अभ्यास के अनमोल अवसर

जीवन का हर छोटा फैसला, किससे बात करनी है, क्या कहना है, कब चुप रहना है, ज़िंदगी की बारीकियों को समझने की इसी कला से जुड़ा है। हर इंसान के काम और शब्द हमें कोई न कोई इशारा देते हैं। उदाहरण के लिए, अगर कोई दोस्त किसी खास विषय पर बात करने से बच रहा है, तो शायद वह उस पर चर्चा करने से डरता है या असहज महसूस करता है।

इसी तरह, अगर कोई एक ही सवाल बार-बार पूछ रहा है, तो मुमकिन है कि उसे सिर्फ 'जवाब' की नहीं, बल्कि 'भरोसे' या 'सहारे' की ज़रूरत हो। यह गहरी समझ तभी आती है जब हम शब्दों के पार जाकर भावनात्मक ज़रूरतों और मानसिक स्थिति को पढ़ना सीखते हैं।

अभ्यास से स्पष्टता, और स्पष्टता से शांति

जब हम यह समझने लगते हैं कि लोग क्या कहते हैं, क्या छुपाते हैं और वे वास्तव में क्या चाहते हैं, तो हमारे भीतर एक स्थिरता और सुकून पैदा होता है। तब हम आसानी से नाराज़ नहीं होते और न ही बेमतलब निराश होते हैं। हम बस 'समझने' की कोशिश करते हैं।

यह शांति इस अहसास से आती है कि हम अपनी समझ पर भरोसा कर सकते हैं। जब हम किसी की बातों के पीछे का असली इरादा जान लेते हैं, तो हमारा आत्मविश्वास बढ़ता है। रुककर समझना संवाद को और भी गहरा और फलदायी बनाता है। यह अभ्यास हमें हर प्रतिक्रिया से पहले एक 'ठहराव' (Pause) लेना सिखाता है, और वही ठहराव अक्सर उन बातों को समझा देता है जो शब्दों में नहीं कही जा सकतीं।

जीवन की किताब को पढ़ने की आदत

विश्लेषण कोई अतिरिक्त बोझ नहीं है; यह तो जीवन जीने का एक स्वाभाविक तरीका है। जब हम हर स्थिति को एक भाषा की तरह समझने लगते हैं, तो हमें यह दिखने लगता है कि ज़िंदगी हमें हर मंज़र, हर खामोशी और हर अहसास के ज़रिए क्या सिखा रही है।

हम में से बहुत से लोग रोज़ की ज़िंदगी के पन्ने तो पलटते हैं, पर उन्हें गहराई से नहीं पढ़ते। लेकिन जो इंसान गहराई से देखता है, वह हर घटना को एक महत्वपूर्ण सबक की तरह पढ़ता है। जब कोई हमारी आँखों में देखकर चुप रह जाता है, या कोई बच्चा अपना सिर हमारे कंधे पर रख देता है, तो ये कोई मामूली बातें नहीं हैं, बल्कि ये वो अनकहे वाक्य हैं जिन्हें महसूस किया और पढ़ा जाना चाहिए।

निष्कर्ष: समझ की ओर पहला कदम

जब हम किसी विषय को समझते हैं, तो अक्सर बाहरी अनुभवों, देखने, सुनने और महसूस करने से शुरुआत करते हैं। लेकिन जैसे-

जैसे हमारा ध्यान गहरा होता है, सच्ची समझ हमारी जागरूकता (Awareness) के भीतर से उभरती है।

इस अध्याय में हमने दुनिया को एक नए और गहरे तरीके से देखने की प्रक्रिया शुरू की है। हमने समझा कि अभिव्यक्ति सिर्फ बातचीत या लिखे हुए शब्द नहीं हैं; यह हमारे आसपास की हर चीज़ में है। हमने यह भी जाना कि विश्लेषण के दो तरीके हैं: या तो पुराने अनुभवों के आधार पर सोचना, या फिर हर स्थिति को बिना किसी पूर्वाग्रह के, एक बच्चे की तरह बिल्कुल नए नज़रिए से पढ़ना।

यह किताब एक नज़रिया है: यह समझने का कि हमारे आसपास की दुनिया कैसी है और हम खुद को उसमें कैसे पहचानें। जब हम हर स्थिति को एक संवाद की तरह देखते हैं, तो हमारी सोच में ठहराव आता है। हम चीज़ों को सिर्फ 'घटनाओं' के रूप में नहीं, बल्कि उनके 'अर्थ' के रूप में देखना शुरू करते हैं।

हर गहराई की शुरुआत एक सरल समझ से होती है। अब हमारी ज़िम्मेदारी है कि हम इस समझ को रोज़ के अनुभवों में उतारें और अभ्यास के रास्ते पर बने रहें। आने वाले अध्यायों में हम इस समझ को और विस्तार देंगे और देखेंगे कि यह हमारे रिश्तों, फैसलों और जीवन के उद्देश्यों को कैसे प्रभावित करती है।

यह पहला कदम शायद साधारण लगे, पर यही वह मोड़ है जहाँ से हमारी सोच बदलना शुरू होती है। अब हम सिर्फ सुनने और देखने तक सीमित नहीं हैं; अब हम 'पढ़ना' शुरू कर रहे हैं, हर चेहरे को, हर खामोशी को और हर इशारे को। और जब हम पढ़ना शुरू करते हैं, तभी हम गहराई से समझना शुरू करते हैं। यही वह रास्ता है जो मन की शांति और जीवन के संतुलन की ओर ले जाता है।

अध्याय

2

अभिव्यक्ति के साधन

भाग 1: शब्दों और लेखन के ज़रिए अभिव्यक्ति

शब्दों का अनकहा बोझ

शब्द सिर्फ अक्षरों का मेल नहीं हैं, वे उन जहाजों की तरह हैं जो अपने भीतर भावनाओं, इरादों और अनकहे अर्थों का बोझ लेकर चलते हैं। अक्सर शब्दों का शब्दकोश वाला अर्थ उतना गहरा नहीं होता, जितना उनके पीछे छिपा इंसान का भाव। शब्द अभिव्यक्ति की सबसे ऊपरी परत हैं, जो अक्सर उतना दिखाती नहीं, जितना छुपा लेती हैं।

जब कोई कहता है, "मैं इस बारे में बात नहीं करना चाहता," तो ज़रूरी नहीं कि वह खामोश रहना चाहता हो। हो सकता है कि उसके भीतर भावनाओं का ऐसा सैलाब उमड़ा हो कि उसे समझ ही न आ

रहा हो कि शुरुआत कहाँ से करे। हम शब्द तब तलाशते हैं जब हमारा अंदरूनी संसार हिल जाता है, लेकिन जो शब्द बाहर आते हैं, वे अक्सर पूरी सच्चाई बयाँ नहीं कर पाते, बस उसके आस-पास की एक झलक भर होते हैं।

कभी-कभी एक मज़ाक के पीछे कोई गहरा ज़ख्म छिपा होता है। हँसी अक्सर एक ढाल का काम करती है, जो हमारी कमज़ोरी को दुनिया की नज़रों से बचाती है। वैसे ही, गुस्से में कहे गए कड़वे बोल अक्सर इंसान की लाचारी, थकान या किसी पुरानी टीस से पैदा होते हैं। हमारा हर वाक्य अपने आप में अकेला नहीं होता, बल्कि वह हमारे मन की एक बहुत बड़ी हकीकत का दरवाज़ा होता है।

सुनकर समझने की कला

किसी से जुड़ने के लिए हमें सिर्फ कानों से नहीं, बल्कि पूरे वजूद से सुनना पड़ता है। फर्ज़ कीजिए, कोई आपसे बार-बार कहता है, "तुम हमेशा काम ही करते रहते हो।" ऊपर से देखने पर यह एक मामूली सी बात लग सकती है, लेकिन इसके दिल में एक पुकार छिपी हो सकती है: "मुझे तुम्हारी कमी महसूस होती है, मुझे तुम्हारे साथ की ज़रूरत है।" जो कहा गया है और जो असल में 'मतलब' है, इन दोनों के बीच के अंतर को समझने के लिए संवेदनशीलता और हमदर्दी की ज़रूरत होती है।

सोचिए, एक बच्चा दिन भर की मुश्किलों के बाद आपसे कहे, "मैं ठीक हूँ," लेकिन उसके कंधे झुके हुए हों और आवाज़ धीमी पड़ जाए। यहाँ उसका शरीर उसकी जुबान को झुठला रहा है। एक सजग इंसान इसी बारीक अंतर को पकड़ लेता है। अगर कोई दोस्त गंभीर बातों को हँसकर टाल रहा है, तो यह देखने की ज़रूरत है कि वह किस चीज़ से भाग रहा है। हमारा दिमाग कुदरती तौर पर शब्दों से पहले चेहरों के हाव-भाव और आवाज़ के उतार-चढ़ाव को पढ़ने के लिए बना है; बस ज़रूरत है उस दबी हुई समझ को दोबारा जगाने की।

जब शब्द खुद को तराशते हैं

अभिव्यक्ति सिर्फ दूसरों से जुड़ने का तरीका नहीं है, बल्कि यह खुद को समझने का एक पुल भी है। जब हम उलझन में होते हैं, तो डायरी लिखना हमारे बिखरे हुए विचारों को एक धागे में पिरो देता है। अपनी कच्ची भावनाओं, यादों या धुंधली तस्वीरों को कागज़ पर उतारने से मन साफ़ होने लगता है। उन भावनाओं को, जिन्हें छुआ नहीं जा सकता, ठोस वाक्यों में बदल देना हमें ताकत देता है और हमारे भीतर की गहराइयों को खोलता है।

एक डायरी सिर्फ बीते हुए कल का रिकॉर्ड नहीं है, बल्कि वह हमारे मानसिक 'आज' की तस्वीर है। कांपते हाथों से पूरी ईमानदारी के साथ लिखा गया एक वाक्य, "मैं खोया हुआ महसूस कर रहा हूँ", अपनी भावनाओं को सही दिशा देने की ओर पहला कदम होता है। लिखना सिर्फ मन का आईना नहीं है, बल्कि यह मन को व्यवस्थित करने का एक तरीका भी है।

रिश्तों में भावनाएँ: शब्दों से बढ़कर

रिश्ते सिर्फ वादों या प्यार के इज़हार से नहीं चलते, बल्कि इस बात से चलते हैं कि वे शब्द कहे कैसे गए हैं। जब कोई अपना धीमे से कहता है, "अपना ख्याल रखना," तो उस एक छोटे से वाक्य में फिक्र, चाहत और अनकहा लगाव छिपा होता है। पुराने ज़माने के खतों में यह भावनात्मक अमीरी, स्याही और कागज़ में सुरक्षित रहती थी। "जल्द घर आना" जैसा सीधा सा वाक्य अपने पीछे न जाने कितने दिनों का इंतज़ार समेटे होता है।

आज के डिजिटल दौर में, संदेशों का छोटापन अक्सर इरादों को धुंधला कर देता है। एक छोटा सा "K" या "Hmm" बेरुखी भी हो सकती है और मसरूफियत भी। यहाँ हमें खुद से पूछना होगा: "क्या इसका कोई और मतलब भी हो सकता है? क्या वह वाकई इतना ही कहना चाहता था?"

शब्द: मन के भीतर का मौसम

हमारे बोले गए शब्द हमारी रूह के मौसम की जानकारी देते हैं। अगर कोई कह रहा है, "मैं ठीक हूँ," तो मुमकिन है कि उसके भीतर उदासी के बादल छाए हों। "मैं बस थक गया हूँ" कहना अक्सर मानसिक खालीपन को छुपाने का तरीका होता है। हम जो बोलते हैं और जो महसूस करते हैं, वे हमेशा एक जैसे नहीं होते। अक्सर हमारी बोलचाल की आदतें हमारे बचाव का जरिया बन जाती हैं। जब हम खुद में इस बात को पहचानने लगते हैं, तभी हम अपनी भावनात्मक हकीकत को बेहतर ढंग से समझ पाते हैं।

भाग 2: इशारों की भाषा और बॉडी लैंग्वेज

संवाद उस पल शुरू नहीं होता जब हम बोलना शुरू करते हैं, बल्कि उस पल शुरू हो जाता है जब हम किसी कमरे में कदम रखते हैं। हमारी 'बॉडी लैंग्वेज' उस अनकही बातचीत की बुनियाद है जो शब्दों के बिना चलती रहती है। चेहरे के हाव-भाव, आँखों की हरकत, हाथों की स्थिति और बैठने का तरीका, ये सब हर पल संदेश भेजते हैं, तब भी जब हमें इसका एहसास तक नहीं होता।

एक मिसाल लीजिए: कोई बातचीत के दौरान तेज़ी से अपना पैर हिला रहा है। भले ही उसकी बातें कितनी भी शांत क्यों न हों, लेकिन उसका पैर हिलाना उसकी बेचैनी या जल्दबाज़ी को साफ़ ज़ाहिर कर देता है। हमारा शरीर अक्सर उन सच्चाइयों को भी खोल देता है, जिन्हें हमारा दिमाग छुपाना चाहता है।

हरकतों में छिपी भावनाएँ

हमारा शारीरिक व्यवहार अक्सर हमारे अंदरूनी हाल का आईना होता है। एक उत्साहित इंसान खुलकर हाथ हिलाकर बात करता है, जबकि एक फिक्रमंद इंसान अक्सर अपने हाथों को जकड़ लेता है या बाहें समेट लेता है। दुख शरीर को सिकोड़ देता है, झुके

हुए कंधे और नीचे की ओर झुकी नज़रें इसके गवाह होते हैं। वहीं खुशी शरीर को विस्तार देती है, जैसे उठी हुई ठुड्डी और ऊर्जा से भरे कदम।

हमारे चेहरे के हाव-भाव 'सूक्ष्म संकेतों' से भरे होते हैं। माथे पर एक हल्की सी सिलवट, होंठों की एक मामूली थरथराहट या एक पल के लिए कहीं और मुड़ गई नज़र, ये वो सच बयाँ कर देते हैं जिन्हें शब्द पकड़ने में नाकाम रहते हैं। 'माइक्रो-एक्सप्रेशंस' इतनी तेज़ी से आते हैं कि उन्हें काबू करना नामुमकिन है, इसलिए वे हमारी सच्ची भावनाओं के सबसे भरोसेमंद गवाह होते हैं।

जब शब्दों और शरीर में तालमेल न हो

हम सबने ऐसे पलों का सामना किया है जब किसी की बातें और उसका शरीर एक-दूसरे से मेल नहीं खाते। कोई कह रहा है कि वह खुश है, पर उसकी आँखों में चमक नहीं है और मुस्कुराहट पल भर में गायब हो जाती है। यह विरोधाभास हमें असहज कर देता है क्योंकि गहराई में हम शब्दों से ज़्यादा शरीर की भाषा पर यकीन करते हैं।

इन विरोधाभासों को पकड़ना सीखना ही असल में 'इमोशनल इंटेलिजेंस' है। यह हमें दूसरों को बेहतर ढंग से समझने और उनसे गहरे रिश्ते बनाने में मदद करता है।

अपने संकेतों को समझना

जैसे हम दूसरों को पढ़ते हैं, वैसे ही हम खुद को भी पढ़ सकते हैं। अगर किसी मीटिंग में आप खुद को जबड़ा भींचते हुए, अपनी आस्तीन से खेलते हुए या नज़रें चुराते हुए पाएं, तो खुद से पूछें: "मैं ऐसा क्या महसूस कर रहा हूँ जिसे मैंने अब तक कोई नाम नहीं दिया है?" खुद के प्रति जागरूकता की शुरुआत शरीर की इन छोटी-छोटी प्रतिक्रियाओं को गौर से देखने से ही होती है।

यह समझ हमें भावनात्मक रूप से स्वस्थ बनाने में भी मदद करती है। जब आप अपने शरीर की थकान, बेचैनी या तनाव को स्वीकार कर लेते हैं, तो आप अपनी भावनाओं को समझने की दिशा में बढ़ जाते हैं। हमारा शरीर उन सच्चाइयों का संदेशवाहक है जिन्हें हमने अभी तक जुबान नहीं दी है।

शरीर: एक जीवन-कथा

किसी इंसान के चलने, बैठने या यहाँ तक कि सांस लेने के तरीके में उसके बीते हुए अनुभवों की छाप होती है। जिसने बहुत चोट खाई हो, उसके चलने में एक खास तरह की सावधानी दिख सकती है। जो खुद को सुरक्षित महसूस करता है, वह आत्मविश्वास के साथ खड़ा होता है। संस्कृतियों के हिसाब से इशारे बदल सकते हैं, लेकिन उनके नीचे बहने वाली भावनाओं की लहरें पूरी दुनिया में एक जैसी ही होती हैं।

आध्यात्मिक परंपराओं में भी बैठने का तरीका (Posture) अंदरूनी संतुलन का प्रतीक माना गया है। जैसे योग में 'आसन' चेतना की स्थितियों को दर्शाते हैं। ध्यान में बैठा एक इंसान सिर्फ शांत नहीं होता; उसका शरीर गहरी एकाग्रता और समर्पण की भाषा बोलता है।

अनुपस्थिति का भार

कभी-कभी वह चीज़ सबसे ज़्यादा बोलती है जो शारीरिक रूप से 'गायब' होती है। कोई अगर आँखें मिलाने से बच रहा है, तो मुमकिन है उसके भीतर कोई शर्म या गहरा दुख छिपा हो। बातचीत के बीच में आया एक अचानक ठहराव किसी भावनात्मक मोड़ का संकेत हो सकता है। रिश्तों में इस 'खामोशी' और 'अनुपस्थिति' को समझना ही समझदारी की सबसे गहरी परत है।

भाग 3: मौन: एक सूक्ष्म मगर गहरी अभिव्यक्ति

अक्सर हम 'मौन' या खामोशी को संवाद की अनुपस्थिति मान लेते हैं, लेकिन सच तो यह है कि यह संवाद का सबसे गहरा और अर्थपूर्ण रूप हो सकता है। सच्चा मौन कोई खालीपन नहीं है, बल्कि यह एक ऐसा स्थान है जो अनकही भावनाओं, आत्म-चिंतन और गहरी जागरूकता से भरा होता है।

जब भावनाएँ बहुत गहरी होती हैं, चाहे वह दुख हो, विस्मय हो या प्रेम, तो शब्द अक्सर छोटे पड़ जाते हैं। किसी अपने के साथ जुड़ाव के एक शांत पल में बस चुपचाप बैठना, या किसी के दुख में बिना कुछ बोले बस उसका हाथ थाम लेना; ये खामोश पल किसी भी सांत्वना भरे शब्द से कहीं ज़्यादा सच बयाँ करते हैं।

मौन का दर्शन

प्राचीन ग्रंथों में मौन को 'अभाव' नहीं बल्कि 'उपस्थिति' माना गया है। भारतीय दर्शन में 'मौन' एक पवित्र माध्यम है, जिसके ज़रिए गहरे सत्यों तक पहुँचा जा सकता है। खामोशी वह दरवाज़ा है जिससे होकर हम न केवल दूसरों को, बल्कि अपने अंतर्मन को भी सुनना शुरू करते हैं।

जब बुद्ध कुछ सवालों के जवाब में मौन रहे, तो वह टालना नहीं था, बल्कि वह भीतर झांकने का एक निमंत्रण था। इन परंपराओं में मौन का अपना एक व्याकरण है, अपनी समृद्धि है। यह जीवन से भागना नहीं, बल्कि जीवन के साथ जुड़ने का एक अनुशासित तरीका है।

खामोशी के कई रंग

हर खामोशी एक जैसी नहीं होती। एक खामोशी वह है जो आत्म-चिंतन से पैदा होती है, और एक वह है जिसकी जड़ें डर में होती हैं। मौन का मतलब सम्मान भी हो सकता है और इनकार भी। हम किस

तरह की खामोशी का सामना कर रहे हैं, इसे पहचानना ही उसे समझने की असली कुंजी है।

उस इंसान के बारे में सोचिए जिसने बहुत गहरा भावनात्मक दर्द सहा हो। वह शायद उस बारे में बात न करे, इसलिए नहीं कि वह उसे भूल गया है, बल्कि इसलिए क्योंकि वह दर्द आज भी उसके भीतर उतना ही ज़िंदा है। इसके उलट, एक साधक इसलिए चुप रहता है क्योंकि उसे लगता है कि शब्द उसके उस अनुभव को टुकड़ों में बाँट देंगे जो अपने आप में पूर्ण है।

सांस्कृतिक और कलात्मक मौन

नृत्य और कला में भी मौन एक जीवंत उपस्थिति है। एक नर्तक का बीच में अचानक रुक जाना, उसके सबसे तेज़ चक्कर से भी ज़्यादा प्रभावशाली हो सकता है। पेंटिंग में, रंगों से ज़्यादा कभी-कभी खाली जगह ध्यान खींचती है। कलाकार जानते हैं कि खामोशी कोई कोरा कागज़ नहीं है, यह वह जगह है जहाँ भावनाएँ अपनी पूरी शक्ति इकट्ठा करती हैं।

मौन के प्रति यह सांस्कृतिक सम्मान आज की आधुनिक ज़िंदगी से बिल्कुल अलग है, जहाँ शोर को ही 'काम' मान लिया गया है। नोटिफिकेशन, फिजूल की बातें और हर चीज़ की जल्दबाज़ी हमारे भीतर की उस कोमल आवाज़ को दबा देती है। ऐसी दुनिया में मौन को अपनाना अपनी जागरूकता को वापस पाने का एक क्रांतिकारी कदम है।

दैनिक जीवन में मौन

जब एक शिक्षक किसी छात्र के जवाब पर टिप्पणी करने से पहले एक पल रुकता है, तो वह ठहराव छात्र को खुद सोचने की दिशा देता है। जब दो दोस्त बिना किसी बात की ज़रूरत के बस एक-दूसरे की

मौजूदगी का अहसास करते हुए चुपचाप बैठते हैं, तो उनका रिश्ता और मज़बूत होता है। खामोशी हमें 'सच्चा' होने की जगह देती है।

यहाँ तक कि पारिवारिक या प्रेम संबंधों में, एक बहस के बाद या विदाई के समय साझा किया गया मौन उन भावनाओं को व्यक्त कर देता है जो बातचीत में अक्सर छूट जाती हैं। इन खामोशियों को पहचानना और उनका सम्मान करना आपसी भरोसे को गहरा करता है।

अभिव्यक्ति एक जीवंत उपस्थिति के रूप में

अभिव्यक्ति सिर्फ बोलने, लिखने या दिखने वाले इशारों तक सीमित नहीं है। यह जीवन की वह धारा है जो हमारे भीतर से होकर बहती है। हम फुसफुसाएँ, चिल्लाएँ या कुछ भी न कहें, हम हर पल कुछ न कुछ संवाद कर रहे होते हैं।

हमारे शब्द, हमारा शरीर और हमारा मौन, ये सब मिलकर हमारी 'निजी भाषा' बनाते हैं। इन सब के प्रति सजग होना हमें न केवल दूसरों को बेहतर समझने में मदद करता है, बल्कि खुद को जानने का मौका भी देता है। जब हम सच्चाई से बोलते हैं, खुले मन से इशारा करते हैं और एक उद्देश्य के साथ मौन बैठते हैं, तब हम सिर्फ अपने विचार नहीं, बल्कि अपना पूरा 'वजूद' व्यक्त करते हैं। अभिव्यक्ति में माहिर होने का मतलब है, जीवन जीने की कला में माहिर होना।

अध्याय
3

विश्लेषण की कला

भाग 1: गहरी समझ की बुनियाद

विश्लेषण का सार: सतही जानकारी से परे

किसी भी चीज़ को गहराई से समझने के लिए, चाहे वह किसी का व्यवहार हो, कोई पेचीदा घटना हो या कोई नया विचार, सिर्फ सुन लेना या पढ़ लेना काफी नहीं होता। इसके लिए 'विश्लेषण' की ज़रूरत होती है। विश्लेषण का मतलब सिर्फ तथ्य जुटाना नहीं है, बल्कि उन तथ्यों की तह तक जाकर उनके कारणों को खोजना, उनके असर को मापना और छिपी हुई भावनाओं को पकड़ना है। यह केवल दिमाग की कसरत नहीं, बल्कि एक बेहद संवेदनशील प्रक्रिया है जो हमारी जागरूकता से उपजती है।

अक्सर लोग यह मान लेते हैं कि जितनी ज़्यादा जानकारी होगी, ज्ञान उतना ही बढ़ेगा। यह पूरी तरह सच नहीं है। जानकारी तभी

कीमती होती है जब उसे सही संदर्भ (Context) में रखा जाए; वरना वही जानकारी हमारे पूर्वाग्रहों (Prejudice) को बढ़ाने का जरिया बन जाती है। उदाहरण के लिए, अगर हमने पहले ही यह मान लिया है कि कोई व्यक्ति स्वार्थी है, तो हम उसकी हर अच्छी बात का मतलब भी अपनी उसी धारणा के हिसाब से निकालेंगे। असली विश्लेषण वह है जहाँ हम खुले दिमाग से, बिना किसी पहले से बनी राय के, हकीकत को देखें।

शिक्षा का असली मकसद: परखने वाली सोच पैदा करना

आज की शिक्षा प्रणाली अक्सर छात्रों को तथ्यों से भरने पर ज़ोर देती है, लेकिन 'सोचने की कला' सिखाना भूल जाती है। बच्चों से रटने की उम्मीद तो की जाती है, पर उन्हें यह नहीं सिखाया जाता कि उन तथ्यों को परखा कैसे जाए, उनके बीच संबंध कैसे जोड़े जाएं या उनके गहरे अर्थ कैसे निकाले जाएं। शिक्षा का सच्चा उद्देश्य इंसान को स्वतंत्र सोच और सटीक विश्लेषण की शक्ति देना होना चाहिए।

कक्षा में चुपचाप बैठे एक बच्चे को देखकर एक साधारण शिक्षक शायद उसे 'पढ़ाई में कमज़ोर' मान ले। लेकिन एक संवेदनशील और विश्लेषणात्मक नज़रिया रखने वाला शिक्षक उस खामोशी की जड़ तक जाएगा। वह जानने की कोशिश करेगा कि क्या वह बच्चा किसी डर, घबराहट या मानसिक तनाव में है। एक समझदार शिक्षक का पहला सवाल होता है: "यह बच्चा खामोश क्यों है?" यहीं से विश्लेषण की असली शुरुआत होती है, सतह को छोड़कर गहराई की ओर बढ़ना।

अर्थ को पहचानना: शब्दों के पार पढ़ना

जब हम विश्लेषण करते हैं, तो हमारा ध्यान सिर्फ कही गई बातों पर नहीं, बल्कि उस लहजे और परिस्थिति पर भी होना चाहिए जिसमें वे कही गई हैं। ये सब परतें मिलकर ही किसी बात का पूरा अर्थ सामने लाती हैं।

जैसे, अगर कोई बच्चा स्कूल जाने से पहले बार-बार पेट दर्द की शिकायत करता है, तो ज़रूरी नहीं कि वह शारीरिक रूप से बीमार हो। हो सकता है कि यह उसके मन के किसी अनकहे डर को ज़ाहिर करने का इकलौता तरीका हो, शायद उसे किसी शिक्षक से डर लगता हो या दोस्तों के साथ कोई समस्या हो। धैर्य और सहानुभूति के साथ सुनने पर ही हम उस डर की असली जड़ तक पहुँच सकते हैं।

सवाल पूछने की शक्ति: सुकरात की अमर दृष्टि

हम अक्सर पुराने अनुभवों को ही अंतिम सच मान बैठते हैं और हर नई स्थिति को उसी चश्मे से देखते हैं। लेकिन हर परिस्थिति अपने आप में अनोखी होती है। अगर हम पुराने ढर्रे पर ही चलते रहे, तो हम दूसरों की हकीकत कभी नहीं समझ पाएंगे। इसीलिए विश्लेषण के लिए खुले दिमाग की ज़रूरत होती है।

इस मामले में दार्शनिक सुकरात की बात आज भी उतनी ही सटीक है। उन्होंने कहा था कि "जीवन में सच्ची समझ तभी आती है जब हम सवाल पूछते हैं।" उनके लिए बिना सवाल किए जानकारी जुटाना बेमानी था। उनका मशहूर कथन है, "बिना परखा गया जीवन जीने के लायक नहीं है।" सवाल पूछना विश्लेषण का पहला और सबसे ज़रूरी कदम है। इससे न केवल हम दुनिया को समझते हैं, बल्कि खुद को भी गहराई से जान पाते हैं।

आधुनिक जीवन में विश्लेषण: तुरंत प्रतिक्रिया से बचाव

आज के समाज में 'तुरंत प्रतिक्रिया' (Instant reaction) का चलन बढ़ गया है। सोशल मीडिया पर किसी ने कुछ डाला और तुरंत कमेंट्स की बाढ़ आ गई। रिश्तों में ज़रा सा मनमुटाव हुआ और लोग अलग हो गए। बिना समझे प्रतिक्रिया देने की यह कमी हर जगह दिख रही है। विश्लेषण की कमी ही गलतफहमी और सतही सोच को जन्म देती है।

सोचिए, एक बच्चा गुस्से में किताबें फेंक रहा है। लोग उसे 'अनुशासनहीन' कह सकते हैं, लेकिन गहरा विश्लेषण शायद यह दिखाए कि वह किसी मानसिक दबाव या घर की परेशानियों से जूझ रहा है। वैसे ही, बाज़ार में चिल्लाकर सामान बेचते किसी इंसान को हम 'बदतमीज़' समझ सकते हैं, पर विश्लेषण बताता है कि वह अपनी जीविका के लिए संघर्ष कर रहा है, किसी को परेशान करने के लिए नहीं। नज़रिया बदलते ही आलोचना की जगह करुणा ले लेती है।

भाग 2: स्थिति को गहराई से पढ़ना

समझने में 'संदर्भ' की अहम भूमिका

किसी भी स्थिति को गहराई से समझने की शुरुआत सिर्फ देखने से नहीं, बल्कि उसे महसूस करने से होती है। किसी इंसान का व्यवहार, उसके शब्द, उसकी खामोशी या उसकी मुस्कुराहट तब तक पूरी तरह समझ नहीं आती, जब तक हम उस 'संदर्भ' (Context) को न पकड़ लें जिसमें वह सब घट रहा है। हर प्रतिक्रिया के पीछे कोई भावना होती है, और हर भावना किसी न किसी अनुभव या परिस्थिति से उपजती है। इसलिए, किसी को पूरा समझने के लिए उस पल की उसकी मानसिक स्थिति और उसके भीतरी संसार को समझना बेहद ज़रूरी है।

यह बिल्कुल वैसा ही है जैसे पूरी किताब को सिर्फ एक पन्ने से समझने की कोशिश करना। वह एक पन्ना आपको कुछ जानकारी तो दे सकता है, पर किताब का असली मकसद और उसकी पूरी कहानी आपकी पकड़ से बाहर ही रहेगी।

एक मिसाल लीजिए: एक बुजुर्ग पिता अपने बेटे से सिर्फ काम की बातें करते हैं, "खाना खा लिया?", "मैं ठीक हूँ", "मुझे नींद आ रही है।" वे कभी कोई शिकायत नहीं करते, कभी गुस्सा नहीं दिखाते, लेकिन धीरे-धीरे वे अपने शौक छोड़ देते हैं, दोस्तों से मिलना बंद कर देते हैं और घंटों खिड़की के बाहर देखते रहते हैं। बेटा सोच सकता

है कि सब ठीक है क्योंकि पिता ने कभी कोई कमी नहीं बताई। लेकिन अगर वह गौर करे, उन पथराई आँखों पर, बातचीत में अरुचि पर और दिन भर की उस चुप्पी पर, तो उसे अहसास होगा कि उस खामोशी में कितना गहरा अकेलापन बोल रहा है। यह चुप्पी एक ऐसी भावनात्मक ज़रूरत को बयाँ कर रही है जिसे समझने के लिए शब्दों को सुनना नहीं, बल्कि अहसासों को महसूस करना ज़रूरी है।

निष्पक्षता और क्षणभंगुरता: सटीक विश्लेषण के स्तंभ

किसी भी स्थिति को समझने के लिए 'निष्पक्षता' (Objectivity) सबसे बड़ी शर्त है। जब तक हम अपनी पहले से बनी धारणाओं, पुराने अनुभवों और निजी पसंद-नापसंद को एक तरफ नहीं रख देते, तब तक हम स्थिति को वैसा नहीं देख पाएंगे जैसी वह असल में है। अगर हम किसी को सुनते समय पहले से ही यह मान लें कि वह आलसी है या बहुत ज़्यादा भावुक है, तो हमारी समझ उसी दायरे में कैद हो जाएगी। इसके उलट, बिना किसी पूर्वाग्रह के देखना हमें सच्चाई के और करीब ले जाता है।

इसके साथ ही, हमें यह भी याद रखना चाहिए कि हर स्थिति 'क्षणभंगुर' है। जो आज दिख रहा है, वह अगले ही पल बदल सकता है। इसलिए किसी स्थिति को स्थायी मानकर कोई आखिरी फैसला नहीं सुना देना चाहिए। जो आज चुप है, वह कल खुलकर बोल सकता है। महाभारत में अर्जुन का ही उदाहरण लीजिए। युद्ध के मैदान में उन्होंने हथियार डाल दिए, उनका मन मोह और दुविधा के जाल में फंसा था। अगर कृष्ण ने इसे महज़ 'कायरता' या 'कमज़ोरी' मानकर छोड़ दिया होता, तो 'भगवद गीता' का जन्म कभी नहीं होता। कृष्ण ने उस स्थिति को गहराई से पढ़ा। उन्होंने अर्जुन की चुप्पी, उसके चेहरे के भाव और उसकी मानसिक उलझन को समझा और फिर उसी संदर्भ में उसे रास्ता दिखाया। गीता का सार यही है: किसी भी स्थिति को पूरी गहराई, संवेदनशीलता और जागरूकता के साथ पढ़ना।

सहानुभूति से भरा विश्लेषण: दूसरे के अनुभव में उतरना

यह मान लेना कि एक ही स्थिति हर किसी के लिए एक जैसी होती है, जीवन की जटिलता को नज़रअंदाज़ करना है। मनोविज्ञान कहता है कि हर इंसान अपनी मानसिक स्थिति और पुराने अनुभवों के चश्मे से हकीकत को देखता है। इसीलिए एक ही घटना दो लोगों को अलग-अलग तरह से प्रभावित करती है। बारिश किसी के लिए खुशहाली और सुकून ला सकती है, तो किसी पुराने कड़वे अनुभव की वजह से दूसरे के लिए घबराहट या परेशानी का सबब बन सकती है।

सटीक विश्लेषण का मतलब है—एक पल के लिए अपने नज़रिए को छोड़कर दूसरे के जूते में पैर रखना। जब हम सिर्फ यह पूछते हैं, "उसने ऐसा क्यों कहा?", तो हमारी समझ सीमित रहती है। लेकिन जब हम यह सोचते हैं, "उसने ऐसा क्यों कहा होगा?", तो हमारी सोच में गहराई और करुणा आ जाती है। सहानुभूति (Empathy) का मतलब है अपनी सोच और तर्कों को थोड़ी देर के लिए थाम लेना और सचमुच दूसरे की दुनिया में दाखिल होना। हम यह महसूस करने की कोशिश करते हैं कि वह किन हालातों से गुज़रा होगा, उसकी क्या मजबूरियाँ रही होंगी और उसकी प्रतिक्रिया के नीचे कौन से अनुभव दबे हुए हैं। ऐसा करने पर हम न केवल उन्हें सही से देख पाते हैं, बल्कि हमारे रिश्तों को एक नया अर्थ भी मिलता है।

आत्म-जागरूकता: समझ की भीतरी बुनियाद

दूसरों की स्थितियों का विश्लेषण करने से पहले, हमें अपने अंदरूनी हाल को समझने की काबिलियत पैदा करनी होगी। अक्सर हम गुस्से में होते हैं या दूसरों को दोष देते हैं, जबकि सच यह होता है कि हमारे भीतर की कोई असंतुष्टि या असुरक्षा सक्रिय हो रही होती है। अगर हम रुककर खुद के भीतर झांकें (Self-introspection), तो

हमें अहसास होगा कि हमारी प्रतिक्रिया शायद वर्तमान स्थिति की वजह से नहीं, बल्कि किसी पुराने डर की वजह से है।

ध्यान (Meditation) इस प्रक्रिया को बहुत आसान बना देता है। ध्यान सिर्फ शांति की तलाश नहीं है; यह अपने भीतर के विचारों और भावनाओं को करीब से देखने का एक मौका है। जब हम खुद को समझना शुरू करते हैं, तो हम अपनी भावनाओं के गुलाम नहीं रह जाते, बल्कि उन्हें सही दिशा देने का विवेक पा लेते हैं। यह जागरूकता हमें दूसरों पर आरोप लगाने के बजाय, अपनी मानसिक स्थिति को समझकर सही फैसला लेने की ओर ले जाती है। यही आत्म-बोध जीवन में शांति, संतुलन और बुद्धिमत्ता का आधार है।

भाग 3: विश्लेषण में होने वाली आम चूकें

भावनाओं और पूर्वाग्रहों का असर: निष्पक्ष सोच में धुंधलापन

हमें अक्सर लगता है कि हमारा विश्लेषण पूरी तरह तर्कसंगत और निष्पक्ष है, जैसे हम सच को खोजने वाला कोई तराजू हों। लेकिन असल में ऐसा बहुत कम होता है। जिसे हम विश्लेषण कहते हैं, वह अक्सर हमारी भावनाओं की लहर, पुरानी धारणाएँ या हमारे अनकहे पूर्वाग्रह होते हैं। हम अपनी निजी पसंद-नापसंद को तर्क का जामा पहनाकर पेश करते हैं और खुद को यकीन दिला लेते हैं कि हम बिल्कुल सही सोच रहे हैं।

सच्ची निष्पक्षता पाना बहुत मुश्किल है। जब हम किसी इंसान या घटना को परखते हैं, तो हमारे पुराने अनुभव और हमारी अपनी भावनाएँ उसमें कहीं न कहीं घुल-मिल जाती हैं। गुस्सा, जलन, डर या असुरक्षा, ये भावनाएँ हमारी आँखों पर एक पट्टी बांध देती हैं। अगर हम किसी की कामयाबी से जलते हैं, तो हमारा दिमाग तुरंत उसे 'चालाकी' या 'सिफारिश' का नतीजा मान लेगा, उसकी मेहनत को नहीं देखेगा। यहाँ हमारा विश्लेषण हकीकत नहीं दिखा रहा, बल्कि

हमारे अंदर की नकारात्मकता की गूँज सुना रहा है। इससे बचने के लिए खुद से ईमानदारी से पूछना होगा: "क्या मैं इसे सचमुच निष्पक्ष होकर देख रहा हूँ, या मेरी कोई भावना इसमें शामिल है?"

अनुभवों का साया: जब अर्थ बदल जाते हैं

रश्मि और अमन, जिनकी शादी को चार साल हुए हैं। एक दिन रश्मि बहुत थक गई थी और चाहती थी कि अमन उसका हाल पूछे। अमन ऑफिस की मीटिंग से थका-हारा आया और बस "ठीक हो?" पूछकर अपने कमरे में चला गया।

रश्मि ने अपने पुराने अनुभवों के आधार पर तुरंत नतीजा निकाल लिया कि अमन को उसकी कोई फिक्र नहीं है। वह अंदर ही अंदर सुलगती रही। बाद में जब अमन ने प्यार से खाना गर्म किया और रश्मि के पास लाया, तो रश्मि गुस्से में बोल पड़ी, "अब यह नाटक क्यों कर रहे हो?" अमन हैरान रह गया; उसके लिए वह एक सच्ची कोशिश थी। यहाँ रश्मि का विश्लेषण उसके अतीत के साये में धुंधला गया था। उसने अमन की मौजूदा थकान को नहीं देखा, बल्कि उसे अपनी पुरानी धारणा के चश्मे से 'लापरवाही' समझ लिया। ऐसी गलतियाँ सिर्फ गलतफहमी नहीं बढ़ातीं, बल्कि रिश्तों की बुनियाद को कमज़ोर कर देती हैं।

नतीजों पर पहुँचने की जल्दबाज़ी

विश्लेषण में सबसे बड़ी भूल है—बिना ठहरे नतीजों पर पहुँच जाना। हम किसी के एक शब्द या एक इशारे से उसे 'गुस्सैल', 'लापरवाह' या 'अहंकारी' घोषित कर देते हैं। यह फैसला इतनी तेज़ी से होता है कि हमें पता ही नहीं चलता कि हम विश्लेषण नहीं, बल्कि महज़ अंदाज़ा लगा रहे हैं।

मनोविज्ञान इसे 'कॉग्निटिव शॉर्टकट' कहता है। हमारा दिमाग ऊर्जा बचाने के लिए गहराई से सोचने के बजाय तुरंत किसी नतीजे

पर कूद जाता है। इसका समाधान सरल है: एक पल के लिए रुकिए (Pause)। खुद से पूछिए: "जो मैं सोच रहा हूँ, क्या वही हकीकत है?" यह छोटा सा सवाल हमें बड़ी गलतफहमियों से बचा सकता है।

सतही विश्लेषण: गहराई से चूक जाना

एक और बड़ी चूक यह है कि हम विश्लेषण तो करते हैं, पर ऊपर-ऊपर से। हम शब्द तो सुन लेते हैं, पर उनके पीछे छिपी भावना या मानसिक स्थिति तक नहीं पहुँच पाते। विश्लेषण का मतलब सिर्फ वह नहीं जो 'कहा' गया है, बल्कि वह भी है जो 'अनकहा' रह गया है। असली गहराई शब्दों के पीछे छिपे जज़्बात को पहचानने में है।

तर्क और करुणा के बीच संतुलन

कभी-कभी हम विश्लेषण को महज़ एक 'लॉजिकल' प्रक्रिया मान लेते हैं और उसमें से मानवीय पहलू को हटा देते हैं। तर्क हमें बाहरी व्यवहार तो दिखा सकता है, पर करुणा हमें इंसान के अंदरूनी संघर्ष से मिलवाती है। सिर्फ तर्क पर आधारित विश्लेषण रूखा और मशीनी हो जाता है।

मेरा एक निजी अनुभव है: मेरा भतीजा पढ़ाई में कमज़ोर माना जाता था। सबने सोचा कि वह आलसी है या ध्यान नहीं देता। बाद में पता चला कि उसकी नज़र कमज़ोर थी और उसे साफ दिखता ही नहीं था। चश्मा लगने के बाद उसकी पढ़ाई सुधर गई। तब हमें अहसास हुआ कि जिसे हम 'आलस' समझ रहे थे, उसके पीछे एक छिपी हुई वजह थी। इसलिए सच्चा विश्लेषण तर्क और करुणा के बीच का संतुलन है, जो समस्या के लक्षणों को नहीं बल्कि उसकी जड़ को खोजता है।

विश्लेषण की परिपक्वता

जब विश्लेषण हमारी आदत बन जाता है, तो हमारी सोच और महसूस करने का तरीका बदल जाता है। हम हर स्थिति को जागरूकता और संवेदनशीलता से देखने लगते हैं। हम सोचने से पहले महसूस करना और महसूस करने से पहले थोड़ा रुकना सीख जाते हैं।

यही 'ठहराव' (Pause) विश्लेषण की आत्मा है। यह हमें प्रतिक्रिया देने से पहले गौर से देखने और सुनने का मौका देता है। धीरे-धीरे हम हर बात में 'अहंकार' की जगह 'समझ' और सिर्फ 'तर्क' की जगह 'करुणा' को जगह देने लगते हैं। तब हम सिर्फ जानकार नहीं बनते, बल्कि एक समझदार और संवेदनशील इंसान के रूप में उभरते हैं। यही वह विश्लेषण है जो हमें महज़ 'जानने' से ऊपर उठाकर जीवन की 'गहरी समझ' की ओर ले जाता है।

अध्याय

4

निर्णय और स्पष्टता

भाग 1: निर्णय की प्रकृति और मानसिक स्थिति से उसका जुड़ाव

निर्णय: महज़ एक चुनाव नहीं, बल्कि हमारे भीतर का आईना

हम अपनी ज़िंदगी में हर रोज़ छोटे-बड़े निर्णय लेते हैं, कभी क्या खाना है और क्या पहनना है, तो कभी यह कि कौन सा रास्ता चुनना है, किस रिश्ते को सींचना है या कौन सी नौकरी अपनानी है। ये फैसले ऊपर से भले ही छोटे लगें, लेकिन असल में ये हमारी सोच, हमारी भावनाओं और हमारी जागरूकता की गहराई पर टिके होते हैं।

अक्सर हम निर्णय लेने को महज़ दो-तीन विकल्पों में से किसी एक को चुनना समझ लेते हैं। पर हकीकत इससे कहीं ज़्यादा पेचीदा है। जब हम किसी स्थिति का सामना करते हैं, तो हमारा फैसला सिर्फ बाहरी हालात से तय नहीं होता; वह हमारे भीतर चल रहे विचारों और भावनाओं की उपज होता है। अगर मन उलझन, गुस्से या डर के बादलों से घिरा है, तो उस वक्त लिया गया फैसला भी उसी असंतुलन का आईना होगा।

उदाहरण के लिए, अगर हम किसी पर नाराज़ हैं और उस आवेश में रिश्ता खत्म करने का फैसला कर लेते हैं, तो उस पल वह सही लग सकता है। लेकिन जैसे ही गुस्सा शांत होता है और हम खुद को अकेला पाते हैं, वही फैसला हमें पछतावे की आग में झोंक देता है। वैसे ही, जब हम असुरक्षित महसूस करते हैं, तो हम अक्सर वह रास्ता चुन लेते हैं जो तुरंत आराम दे, लेकिन लंबे समय में वह हमें भीतर से खाली कर देता है। इसलिए, निर्णय लेने से पहले यह देखना ज़रूरी है कि हमारे भीतर क्या घट रहा है। अगर मन शांत है और नज़रिया साफ़ है, तो फैसले में स्थिरता होगी।

स्पष्टता और निर्णय का नाता: आत्म-मंथन की ज़रूरत

स्पष्टता (Clarity) का मतलब यह नहीं कि आपके पास हर सवाल का जवाब हो। इसका असली अर्थ यह है कि आप जो महसूस कर रहे हैं और जो सोच रहे हैं, उसे साफ़-साफ़ देख सकें। जब कोई विचार आए, तो आप पहचान सकें कि यह डर से उपजा है, उम्मीद से, मोह से या समझ से। इसी होश को स्पष्टता कहते हैं।

निर्णय की ओर बढ़ते हुए हमें यह गौर करना चाहिए कि हमें कौन सी भावना चला रही है। क्या हम किसी दर्द से बचने के लिए कुछ छोड़ रहे हैं, या किसी सच को देख पा रहे हैं इसलिए आगे बढ़ रहे हैं? मान लीजिए, कोई अपनी नौकरी छोड़ना चाहता है। अगर यह फैसला सिर्फ थकान या किसी कहासुनी की वजह से है, तो यह एक

क्षणिक प्रतिक्रिया है। लेकिन अगर शांत मन से वह यह देख पाता है कि यह काम उसके जीवन के उद्देश्य और मूल्यों से मेल नहीं खाता, तो यह फैसला उसे शांति देगा। हर फैसले से पहले खुद से पूछिए, "मैं ऐसा क्यों करना चाहता हूँ?", इससे आपके भीतर की कई परतें खुलने लगेंगी।

शास्त्रों की सीखः बुद्ध का विवेकपूर्ण निर्णय

इसे महात्मा बुद्ध के जीवन से बखूबी समझा जा सकता है। जब राजकुमार सिद्धार्थ ने एक बीमार, एक वृद्ध, एक मृत देह और एक संन्यासी को देखा, तो उनके भीतर एक गहरी हलचल हुई। उन्होंने पहली बार जीवन की नश्वरता और दुख को इतने करीब से देखा। लेकिन उन्होंने कोई जल्दबाज़ी या जज़्बाती फैसला नहीं लिया। वे कई रातों तक इस सवाल से जूझते रहे कि जीवन का असली मकसद क्या है।

उनका घर छोड़ने का फैसला किसी मोह या दुख से नहीं उपजा था, बल्कि एक शांत और जागरूक मन से निकला था। यह निर्णय महज़ घर छोड़ने का नहीं था, बल्कि अपने भीतर के सवालों और डरों से बाहर निकलकर सत्य के मार्ग पर चलने का था। यही वह पल था जब उनकी करुणा और विवेक एक साथ मिल गए, और इसी ने उन्हें 'बुद्ध' बनाया।

भावनात्मक उथल-पुथल में लिए गए निर्णयः तात्कालिक राहत, स्थायी समस्या

कभी-कभी हमें लगता है कि हम जो फैसला ले रहे हैं, वह पूरी समझदारी से लिया गया है। लेकिन गहराई से देखें तो पता चलता है कि पीछे कोई भावना हमें धक्का दे रही है। मान लीजिए, कोई शहर की भागदौड़ से तंग आकर पहाड़ों में बसने का फैसला करता है। उसे लगता है कि वह शांति के लिए जा रहा है, लेकिन अगर वह भीतर

झांके तो शायद उसे दिखे कि वह शहर के दबाव या अकेलेपन से भाग रहा है। अगर इस भावना को नहीं समझा गया, तो जगह बदलने से समस्या हल नहीं होगी; समस्या वहीं की वहीं रहेगी। ऐसे फैसले थोड़े समय के लिए सुकून तो देते हैं, पर उनमें स्थिरता नहीं होती क्योंकि असली कारण, वह डर या असुरक्षा, अब भी हमारे भीतर मौजूद है।

स्वयं से संवाद की कमी का असर

जब हम बहुत भावुक होते हैं, तो हम खुद से बात करना भूल जाते हैं। हम यह पूछना छोड़ देते हैं कि "मैं ऐसा क्यों कर रहा हूँ?" जब सवाल नहीं होते, तो स्पष्टता भी गायब हो जाती है। फैसला तब महज़ एक 'प्रतिक्रिया' बनकर रह जाता है।

जब हम किसी फैसले को भीतर से गहराई से महसूस करके लेते हैं, तो वह कभी बोझ नहीं बनता। वह हमारे भीतर एक ठहराव लाता है। लेकिन बिना स्पष्टता के लिया गया फैसला मन पर भारी रहता है। वह बार-बार हमें यह सोचने पर मजबूर करता है कि "क्या वह सही था?" और अक्सर हमें उस फैसले से संतुष्टि नहीं मिलती।

ध्यान और आत्म-जागरूकता: सही दिशा की ओर

ध्यान (Meditation) और आत्म-चिंतन स्पष्टता की ओर ले जाने वाले सबसे सरल साधन हैं। ध्यान हमारे सतही जज़्बात को शांत करता है, जिससे उनके पीछे छिपा सच दिखाई देने लगता है। आत्म-जागरूकता का मतलब है खुद को बिना किसी डर या पक्षपात के देखना।

कभी-कभी हम किसी स्थिति से बाहर निकलने के लिए इतने बेताब होते हैं कि दर्द से बचने के लिए कोई भी कदम उठा लेते हैं। लेकिन दर्द से भागने के लिए लिया गया फैसला समझदारी की ओर नहीं ले जाता। वह हमें उलझन के दूसरे चक्र में डाल देता है। समस्या

से भागना समाधान नहीं है; यह सिर्फ लक्षण को हटाता है, जड़ को नहीं। फैसला लेने से पहले कुछ पल ठहरना और बिना किसी दबाव के स्थिति को देखना उन गहराइयों को खोल देता है जो पहले छिपी थीं। कई बार फैसले की ज़रूरत ही नहीं होती, सिर्फ 'समझ' काफी होती है। और जैसे ही समझ आती है, फैसला अपने आप हो जाता है।

जागरूकता से जन्मे निर्णय: सत्य, साहस और शांति

स्पष्टता और आत्म-बोध से जन्मे निर्णय जीवन में स्थिरता लाते हैं। वे सिर्फ हालात नहीं बदलते, हमारा नज़रिया बदल देते हैं। ऐसे फैसले हमें भीतर से हल्का महसूस कराते हैं क्योंकि वे न तो पलायन हैं और न ही कोई दिखावा, बल्कि अपनी असली स्थिति की स्वीकारोक्ति हैं।

सही निर्णय तब होता है जब हम अपनी मानसिक स्थिति को समझ लेते हैं। अगर कोई फैसला उलझन, डर या लालच पर टिका है, तो वह चाहे कितना भी तार्किक (Logical) क्यों न लगे, उसमें टिकाऊपन नहीं होगा। लेकिन वही फैसला जब स्पष्टता के साथ लिया जाता है, तो वह एक मज़बूत बुनियाद बन जाता है। महात्मा बुद्ध का जीवन इसका प्रमाण है। उन्होंने जो महल और सुख-सुविधाएँ छोड़ीं, वह कोई त्याग नहीं था, बल्कि एक खोज थी। यह उनकी लंबी आंतरिक यात्रा का आखिरी पड़ाव था जहाँ उनकी स्पष्टता पूरी हो चुकी थी।

हर इंसान की ज़िंदगी का एक मकसद होता है। सबसे अच्छा निर्णय वही है जो उस मकसद के साथ मेल खाए। अगर कोई फैसला सिर्फ दूसरों के दबाव में लिया गया है, तो वह भटका सकता है। लेकिन अगर वह भीतर से आया है कि "यही मेरी दिशा है", तो वह एक मार्गदर्शक बन जाता है। ऐसे फैसले हमें खुद से जोड़ते हैं। वे बताते हैं कि हम कौन हैं और हमें क्या चाहिए।

कोई भी निर्णय तब पूरा होता है जब वह हमारे अंतर्मन की सच्चाई के साथ जुड़ा हो। भले ही वह फैसला लेना आसान न हो, लेकिन अगर वह आंतरिक सत्य पर टिका है, तो वह हमें हल्कापन देगा। वह हल्कापन इस बात की निशानी है कि हमने खुद को धोखा नहीं दिया। निर्णय के बाद अगर आप भीतर शांति महसूस करते हैं, तो समझ लीजिए कि वह सही केंद्र से लिया गया है। लेकिन अगर बेचैनी और उलझन बनी रहे, तो मुमकिन है कि अभी कुछ धुंधलापन बाकी है।

इसलिए, किसी भी फैसले से पहले खुद से यह ज़रूर पूछें, "क्या मैं सचमुच स्पष्ट हूँ?" और अगर जवाब 'हाँ' है, तो वह फैसला महज़ एक चुनाव नहीं, बल्कि आपकी आत्मा की पुकार है। ऐसे फैसले हमें बिना किसी पछतावे और पूरी सच्चाई के साथ ज़िंदगी की राहों पर चलना सिखाते हैं।

भाग 2: जागरूकता का प्रभाव

निर्णय के पीछे की आंतरिक प्रेरणा

अक्सर हमें लगता है कि निर्णय लेना एक सीधी लकीर जैसा है, जो सही लगा, उसे चुन लिया। लेकिन क्या हमने कभी सोचा है कि हमारे फैसलों की जड़ें हमारे मन की गहरी परतों में कहाँ तक फैली हैं? अगर हम एक पल रुकें, तो पाएंगे कि हमारे निर्णय अक्सर चेतना की गहराइयों से नहीं, बल्कि मन की ऊपरी सतह पर उठने वाले आवेगों से तय होते हैं।

यहाँ 'जागरूकता' (Awareness) एक दीये की तरह काम करती है, जो न केवल रास्ता दिखाती है बल्कि यह भी बताती है कि हम इस वक्त कहाँ खड़े हैं। जागरूकता हमें यह समझने का मौका देती है कि हर फैसले के पीछे कोई न कोई अदृश्य शक्ति काम कर रही है, शायद अतीत का कोई कड़वा अनुभव या वर्तमान का कोई आवेश।

बुद्ध का प्रसिद्ध सूत्र है: "अप्प दीपो भव" (अपना दीपक स्वयं बनो)। इसका अर्थ यही है कि अपनी आंतरिक जागरूकता के जरिए खुद अपना मार्गदर्शक बनें। जब हम अपने भीतर के इन अदृश्य आवेगों को पहचान लेते हैं, तब हमारे पास सही निर्णय लेने की असली शक्ति आती है। तब हम किसी बाहरी दबाव या पुरानी आदत के गुलाम नहीं रहते, बल्कि एक साफ़ और सटीक चुनाव कर पाते हैं।

भावनाओं से प्रेरित निर्णय: हम कहाँ चूक जाते हैं?

हमारी रोज़मर्रा की ज़िंदगी अक्सर हमारी आदतों और तयशुदा नज़रिए (Mindset) से चलती है। एक किसान की मिसाल लीजिए जो सालों से एक ही फसल उगा रहा है। जब किसी साल मौसम की मार से फसल बर्बाद होती है, तो वह गुस्से और हताशा में खेती छोड़कर शहर में मज़दूरी करने का फैसला कर लेता है। उस पल यह फैसला सही लग सकता है, लेकिन यह किसी सोची-समझी योजना की नहीं बल्कि उसकी थकान और डर की उपज है। अगर वह थोड़ा ठहरकर नई तकनीक या फसल चक्र के बारे में सोचता, तो शायद खेती में ही समाधान मिल जाता। जब हम थकान या अहंकार में कोई फैसला लेते हैं, तो वह शांति नहीं, बल्कि नई उलझनें लेकर आता है।

असमंजस को स्वीकारना: जागरूकता का पहला कदम

जागरूकता का मतलब यह नहीं कि आप सब कुछ जानते हैं; इसका मतलब यह है कि आप यह जानते हैं कि इस वक्त आप कुछ 'नहीं' जानते। अपनी उलझन और हिचकिचाहट को ईमानदारी से स्वीकार कर लेना ही जागरूकता की शुरुआत है। जब हम यह मान लेते हैं कि "अभी मेरा नज़रिया साफ़ नहीं है," तो हम गलत फैसला लेने से बच जाते हैं। यह स्वीकारोक्ति ही आत्म-मंथन का द्वार खोलती है।

दार्शनिक रूप से, जागरूकता हमारी आत्मा का वह गुण है जो साधारण घटनाओं को भी अर्थपूर्ण बना देता है। जब हम जागरूक होते हैं, तो जीवन की छोटी-बड़ी घटनाओं के पीछे छिपे गहरे संदेशों को पढ़ पाते हैं।

"यथा दृष्टि, तथा सृष्टि": जैसा नज़रिया, वैसी दुनिया

उपनिषद कहते हैं— "यथा दृष्टि, तथा सृष्टि"। यानी जैसा हमारा नज़रिया होगा, वैसी ही हमारी दुनिया होगी। अगर हमारी दृष्टि जागरूक नहीं है, तो हम जीवन को एक सीमित और धुंधले झरोखे से देखेंगे। ऐसे में हमारे फैसलों में एक घबराहट और जल्दबाज़ी होगी जो हमें गलत रास्ते पर ले जाएगी। इसके उलट, जागरूक नज़रिया हर मुश्किल में समाधान की संभावना देख लेता है। वह चुनौतियों को एक अवसर की तरह देखता है क्योंकि वह परिस्थिति के केवल एक पक्ष को नहीं, बल्कि उसकी संपूर्णता (Holistic perspective) को देखता है।

आत्म-जागरूकता: निर्णयों में स्थिरता की नींव

मनोविज्ञान में आत्म-जागरूकता को बहुत ऊंचा स्थान दिया गया है। यह इंसान को अपने ही विचारों और भावनाओं पर कड़ी नज़र रखने की शक्ति देती है। एक जागरूक व्यक्ति अपनी गलतियों को छुपाने के बजाय उन्हें स्वीकार करता है, क्योंकि वह जानता है कि सुधार का रास्ता यहीं से गुज़रता है। वह दूसरों पर आरोप लगाने के बजाय अपनी मानसिक उलझनों को देखता है और उसी आधार पर स्थिर निर्णय लेता है।

हर छोटे पल में सजगता

जागरूकता सिर्फ बड़े फैसलों के वक्त काम नहीं आती; यह जीवन के हर छोटे पल में उतनी ही ज़रूरी है। किसी से बात करते

समय या किसी रिश्ते में प्रतिक्रिया देते समय, जागरूकता हमें यह समझने में मदद करती है कि हमारा व्यवहार हमारी पुरानी आदतों से तय हो रहा है या हम सचमुच उस इंसान को समझ रहे हैं।

मौन: जागरूकता की एक भाषा

जब कोई हमें कड़वे शब्द कहे और हम तुरंत पलटकर जवाब देने के बजाय कुछ पल मौन रहें, तो वह मौन केवल खामोशी नहीं, बल्कि जागरूकता की अभिव्यक्ति है। वह ठहराव हमें मौका देता है कि हम अपने भीतर उठते गुस्से को देखें और उसे प्रतिक्रिया (Reaction) में बदलने के बजाय एक विवेकपूर्ण जवाब (Response) में बदल सकें। यह एक तरह का मानसिक आत्म-नियंत्रण है, जहाँ हम अपनी पुरानी आदतों के बजाय होश के साथ फैसला लेते हैं।

साक्षी भाव: आंतरिक संतुलन

आध्यात्मिक दृष्टिकोण से इसे "साक्षी भाव" कहा जाता है। इसका अर्थ है—परिस्थितियों को बिना किसी पक्षपात या तुरंत फैसले के बस एक 'गवाह' की तरह देखना। हम अनुभव तो करते हैं, पर उसमें खोते नहीं। जैसे अपने बच्चे को डांटने से पहले अगर हम यह सोचें कि "यह डांट मेरे अपने तनाव की वजह से निकल रही है या बच्चे की भलाई के लिए?", तो हम शब्दों के चुनाव में ज़्यादा करुणामयी और प्रभावी हो जाते हैं। साक्षी भाव हमें वर्तमान में टिके रहने की ताकत देता है, जिससे हमारे निर्णय गहरे और शांतिपूर्ण होते हैं।

जागरूकता से जन्मे निर्णय: सत्य, साहस और शांति

असली जागरूकता तब है जब हमारे पास निर्णय लेने से पहले खुद को निहारने का साहस हो। जब कोई फैसला केवल तर्क या भावना से नहीं, बल्कि जागरूकता से आता है, तो वह महज़ एक चुनाव नहीं रहता, बल्कि एक आध्यात्मिक ज़िम्मेदारी बन जाता है।

बाहरी दबाव में लिया गया फैसला अक्सर एक 'समझौता' होता है, जो अस्थायी और उलझन भरा होता है।

निर्णय लेने से पहले खुद से ये तीन सवाल ज़रूर पूछें:

- क्या मैं इस पल में पूरी तरह सजग हूँ?
- क्या मैं सामने वाले इंसान को वैसा ही देख रहा हूँ जैसा वह है, या वैसा जैसा मैं देखना चाहता हूँ?
- क्या मैं सचमुच कोई 'निर्णय' ले रहा हूँ या महज़ एक 'प्रतिक्रिया' दे रहा हूँ?

ये सवाल हमें जड़ तक ले जाते हैं। ऐसा निर्णय, चाहे उसका परिणाम कुछ भी हो, मन में एक गहरी शांति छोड़ जाता है। यह शांति ही इस बात का प्रमाण है कि हमारा फैसला हमारे अंतर्मन की सच्चाई से जुड़ा हुआ है। यह हमें बाहरी तनावों से मुक्त करता है और हमें दूसरों के साथ गहरी सहानुभूति और समझ के साथ जोड़ता है।

भाग 3: जीवन में अभिव्यक्ति और विश्लेषण का उपयोग

मनुष्य की अभिव्यक्ति

हम हर पल, हर स्थिति में कुछ न कुछ संवाद कर रहे होते हैं, भले ही हमारे होंठ बंद हों। हमारे चेहरे के भाव, चलने का तरीका, बैठने का ढंग और यहाँ तक कि हमारी खामोशी भी लगातार हमारी भावनाओं को दूसरों तक पहुँचाती है। यह प्रक्रिया इतनी स्वाभाविक है कि हम अक्सर इसे पहचान ही नहीं पाते।

खिड़की के बाहर शून्य में ताकता कोई अकेला व्यक्ति भले ही कुछ न कह रहा हो, लेकिन उसका स्थिर चेहरा और धीमी साँसें उसके भीतर चल रहे विचारों के बवंडर को बयाँ कर देती हैं। अभिव्यक्ति की यह पहली परत है, भीतर की भावनाओं का धीरे-धीरे सतह पर उभर आना।

हर निर्णय में छिपा एक सूक्ष्म संवाद

हमारे निर्णय केवल तर्क का परिणाम नहीं होते, बल्कि वे उस अनकहे संवाद का हिस्सा होते हैं जो हम खुद से करते हैं। अगर कोई चुपचाप किसी रिश्ते से किनारा कर लेता है, तो वह खामोशी शब्दों से कहीं ज़्यादा असरदार 'अभिव्यक्ति' है। अक्सर अनकही बातें ही जीवन पर सबसे गहरा प्रभाव छोड़ती हैं।

जैसे, एक माँ अपने बच्चे की गलती पर कुछ न कहकर सिर्फ एक शांत नज़र से उसे देखती है, तो वह निगाह किसी भी डांट से ज़्यादा गहरा सबक दे जाती है। ऐसे अनकहे संवाद ही इंसान के भीतर समझ का बीज बोते हैं।

विश्लेषण: परतों के पार देखने वाली दृष्टि

जीवन में जो दिखता है, वह हमेशा उतना सरल नहीं होता। हर घटना और हर प्रतिक्रिया के नीचे कई परतें होती हैं। जब हम किसी की बात को केवल शब्दों के आधार पर तौलते हैं, तो हमारा निष्कर्ष अधूरा होता है। असली विश्लेषण वह है जो शब्दों के पीछे छिपे जज़्बात को पढ़ सके।

मिसाल के तौर पर, अगर कोई दोस्त आपकी परेशानी जानकर भी फोन नहीं करता, तो उसे 'स्वार्थी' कह देना आसान है। लेकिन विश्लेषण कहता है कि एक पल रुककर सोचिए, हो सकता है वह खुद किसी मानसिक कशमकश से गुज़र रहा हो। छिपी हुई हकीकत को पकड़ने की यही कोशिश 'विश्लेषण' है।

अभिव्यक्ति और विश्लेषण का संगम: गहराई से जीने की कला

जब हम अपनी भावनाओं को बिना दबाए व्यक्त करना सीख जाते हैं और दूसरों की अनकही बातों को पढ़ना जान लेते हैं, तब जीवन साफ़ होने लगता है। "मुझे अच्छा नहीं लग रहा", यह मामूली

सा वाक्य केवल उदासी नहीं, बल्कि सुनने और समझे जाने की एक गहरी पुकार हो सकता है। विश्लेषणात्मक नज़रिया हमें किसी को अकेलेपन की खाई में गिरने से पहले थामने की शक्ति देता है।

देह-भाषा: अनकहे संवाद का संसार

इंसान के मन का हाल जानने के लिए उसके शब्दों से ज़्यादा उसकी 'देह-भाषा' (Body Language) भरोसेमंद होती है। तनाव में डूबे व्यक्ति के कंधे झुक जाते हैं, वह नज़रें मिलाने से बचता है और उसकी आवाज़ कमज़ोर पड़ जाती है। इसके विपरीत, आत्मविश्वास से भरा व्यक्ति सीधा बैठता है और उसकी आवाज़ में स्पष्टता होती है। अगर हम शब्दों पर ध्यान दें और शरीर के इन संकेतों को नज़रअंदाज़ कर दें, तो हम सच की आधी तस्वीर भी नहीं देख पाएंगे।

मौन: वह अभिव्यक्ति जो शब्दों से भी ऊँची है

कभी-कभी खामोशी ही सबसे बुलंद आवाज़ बन जाती है। भारतीय परंपरा में 'मौन' केवल चुप रहना नहीं है, बल्कि मन और वाणी की शुद्धि की अवस्था है। जब बुद्ध गंभीर प्रश्नों पर मौन रहे, तो वह जवाब का अभाव नहीं था; बल्कि सुनने वाले को अपने भीतर झांकने का निमंत्रण था। मौन हमें विचारों के शोर से दूर गहराई की ओर ले जाता है।

जीवन की घटनाओं को पढ़ना: विश्लेषण की व्यावहारिकता

जीवन महज़ घटनाओं की कड़ी नहीं, बल्कि संदेशों का एक सिलसिला है। किसी का अचानक फोन आना, किसी पुरानी चीज़ का टूटना या रास्ते में कोई खास बात सुनाई देना, ये महज़ इत्तेफाक नहीं होते। विश्लेषणात्मक दृष्टि से देखें तो ये आपके आंतरिक हाल या जीवन की दिशा का संकेत हो सकते हैं। जागरूक व्यक्ति ही जीवन के इन परोक्ष (Indirect) संदेशों को पढ़ पाता है।

विश्लेषण का अभ्यास: विचार से अनुभव तक की यात्रा

विश्लेषण केवल दिमागी कसरत नहीं, बल्कि रोज़मर्रा के जीवन का अभ्यास है। यह तब शुरू होता है जब हम दूसरों के लहजे, खामोशी और जज़्बात को सुनना शुरू करते हैं। धीरे-धीरे हम यही नज़रिया खुद पर भी लागू करते हैं। हम गुस्से के समय खुद से पूछते हैं, "क्या यह गुस्सा सामने वाले की वजह से है, या मेरे अपने किसी पुराने दर्द की अभिव्यक्ति?" खुद से बात करना और हर दृश्य में संदेश खोज पाना ही इस अभ्यास का सार है।

सच्चे संवाद की ज़रूरत: सुनना, समझना और प्रतिक्रिया

अभिव्यक्ति और विश्लेषण के बीच का पुल 'सच्चा संवाद' है। संवाद तब सच्चा होता है जब हम अपनी बात कहने की जल्दी में न हों, बल्कि सामने वाले की बात को उसकी पूरी गहराई में समझें। जब कोई बुज़ुर्ग पुरानी कहानियाँ दोहराता है, तो वह यादें नहीं बाँट रहा होता, बल्कि वह चाहता है कि कोई उसे अहमियत दे, उसे सुने।

जीवन की भाषा समझने की संवेदनशीलता

जीवन शब्दों से ज़्यादा प्रतीकों और संकेतों के जरिए बात करता है। कोई सहकर्मी बेवजह चिड़चिड़ा रहा है या कोई अपना अचानक उदास दिखने लगा है, यहाँ एक छिपी हुई भाषा काम कर रही है। जो इन सूक्ष्म संकेतों को पढ़ लेता है, वही रिश्तों को मज़बूती से निभा पाता है। खुद की थकान और बेचैनी को पहचानना भी आत्म-विश्लेषण की शुरुआत है।

अंतिम बोध: जीवन को दिशा देने वाली समझ

जब हम जीवन की घटनाओं को 'समस्या' नहीं बल्कि 'संवाद' की तरह देखने लगते हैं, तब हर मुश्किल एक संदेश बन जाती है और हर खामोशी एक सवाल। इस पड़ाव पर अभिव्यक्ति और विश्लेषण मिलकर जीवन को एक नया अर्थ देते हैं।

जब हम बोलते हैं, तो हम जीवन को दिशा देते हैं। जब हम विश्लेषण करते हैं, तो हम उसे समझने की गहराई पाते हैं। और जब हम इन दोनों को साथ जीते हैं, तो हम महज़ एक इंसान नहीं, बल्कि एक 'जागरूक चेतना' (Conscious Being) बन जाते हैं जो हर पल को अर्थ और भावनाओं से भर देती है।

अभिव्यक्ति और विश्लेषण कोई बौद्धिक व्यायाम नहीं, बल्कि जीवन जीने की कला है। ये हमें अपने भीतर और बाहर चल रहे संवाद को पढ़ने की वह शक्ति देते हैं, जिससे हम खुद को और पूरी दुनिया को एक नई रोशनी में देख पाते हैं।

भाग 4: दूरगामी प्रभाव

हर क्रिया का एक गहरा असर

हम रोज़ाना जो सोचते हैं, कहते हैं या जिस तरह से अपनी प्रतिक्रिया देते हैं, वह सिर्फ उस पल की बात नहीं होती। वह धीरे-धीरे हमारे पूरे जीवन की दिशा तय करने लगती है। जैसे कोई छोटा सा फैसला या कोई कही गई बात, यह सिर्फ उस समय का जवाब नहीं है, बल्कि हमारे स्वभाव, हमारी आदतों और हमारे रिश्तों पर एक लंबी परछाईं छोड़ देती है। यह परछाईं शुरू में तो साफ़ नहीं दिखती, लेकिन समय के साथ इसका असर गहरा होता जाता है।

छोटे निर्णयों के बड़े परिणाम

अक्सर हमें लगता है कि जल्दबाज़ी में किसी को कुछ कह देना या कोई झटपट फैसला ले लेना बस उसी घड़ी के लिए है और आगे इसका कोई असर नहीं होगा। पर जैसे-जैसे समय बीतता है, हमें अहसास होता है कि उस एक पल के फैसले या बोल ने हमारे भीतर कुछ स्थायी रूप से बदल दिया है। गुस्से में दी गई कोई बेलगाम प्रतिक्रिया या डर में लिया गया कोई निर्णय धीरे-धीरे हमारे व्यवहार का हिस्सा बन जाता है।

उदाहरण के लिए अगर कोई आवेश में आकर अपने किसी प्रियजन का अपमान कर दे, तो बात तो वहीं खत्म हो सकती है, पर वे शब्द उस व्यक्ति के मन पर हमेशा के लिए एक छाप छोड़ देते हैं। मुमकिन है कि भविष्य में वह जब भी हमसे मिले, तो उसके मन में वही पुरानी टीस रहे। इसी तरह, हड़बड़ी में लिया गया कोई भी फैसला हमें उस रास्ते पर ले जा सकता है जहाँ से लौटना मुश्किल हो जाए।

जो बीत गया, वह भीतर ठहर जाता है

हम अक्सर खुद को यह कहकर तसल्ली देते हैं कि "जो हुआ सो हुआ।" हमें लगता है कि वह पल बीत गया, पर हकीकत में वह हमारे भीतर कहीं गहरा पैठ बना लेता है। वह हमारे विचारों, हमारी यादों और हमारे रिश्तों के ढाँचे को प्रभावित करता रहता है।

जब हम किसी से कड़वे और अपमानजनक शब्दों में बात करते हैं, तो वे शब्द हमारे लिए भले ही धुंधले पड़ जाएं, पर सामने वाले के लिए वे एक गहरे ज़ख्म बन जाते हैं। यह ज़ख्म उनकी आत्म-छवि को बिगाड़ सकता है और हमारे साथ उनके रिश्ते को हमेशा के लिए प्रभावित कर सकता है। यह छोटा सा लम्हा ही हमारे भविष्य की कहानी लिख रहा होता है।

जल्दबाज़ी में लिए गए निर्णयों की दिशा

कभी-कभी हम बिना किसी गहरे विश्लेषण के फैसले ले लेते हैं। ये फैसले अक्सर डर, सामाजिक दबाव या भावनाओं के बहाव में लिए जाते हैं। जब हम कहते हैं, "कोई बात नहीं, देख लेंगे," तो हम तात्कालिक राहत तो पा लेते हैं, पर यही लापरवाह पल भविष्य में भारी पड़ते हैं।

हर निर्णय एक बीज की तरह है जिसे हम रोज़ अपने जीवन में बोते हैं। कोई भी प्रतिक्रिया, चाहे वह कितनी भी छोटी क्यों न लगे,

समय के साथ एक विशाल वृक्ष का रूप ले लेती है जो हमारे जीवन में सुख या दुख की छाँव लाता है। इसीलिए अपनी अभिव्यक्ति और विश्लेषण के प्रति जागरूक होना सबसे ज़रूरी है।

सोचे-समझे निर्णय स्थिरता लाते हैं

अगर हम उन लोगों को देखें जिनके जीवन में संतुलन और शांति है, तो हम पाएंगे कि उन्होंने एक अभ्यास विकसित किया है। वे जल्दबाज़ी में कोई बात नहीं कहते और न ही कोई फैसला लेते हैं। वे हर प्रतिक्रिया से पहले रुकते हैं, सोचते हैं और फिर कुछ कहते हैं। उन्होंने पहले भीतर झाँकने की आदत डाल ली है। यही आदत उनके व्यक्तित्व को स्थिर बनाती है।

इसके विपरीत, जो लोग तुरंत प्रतिक्रिया देते हैं और भावनाओं में बह जाते हैं, वे अपने जीवन में अस्थिरता को न्योता देते हैं। ऐसे लोग अक्सर खुद को उलझन में पाते हैं, क्योंकि बिना समझे दी गई प्रतिक्रिया हमारे भीतर भी बेचैनी पैदा करती है। यह उलझन हमारे आत्म-सम्मान और मानसिक स्थिति को भी प्रभावित करती है।

रिश्तों पर शब्दों का प्रभाव

हमारी अभिव्यक्ति केवल संवाद नहीं है, बल्कि हमारे व्यक्तित्व का हिस्सा है। जब एक पिता अपने बच्चे से बार-बार कठोरता से बात करता है, तो वह अनजाने में उस बच्चे के मन में डर और संकोच भर देता है। वह बच्चा धीरे-धीरे खामोश हो सकता है या उसके भीतर विरोध की भावना पनप सकती है।

वहीं, एक शिक्षक जो अपने छात्रों की बात ध्यान से सुनता है और उनके विचारों का सम्मान करता है, वह उनमें आत्मविश्वास जगाता है। हमारी आवाज़ का लहज़ा, हमारी खामोशी और हमारी प्रतिक्रियाएँ, इन सबका असर बहुत लंबा होता है। शब्द एक बार बोल दिए गए तो उन्हें मिटाया नहीं जा सकता; वे यादों में ज़िंदा रहते हैं।

डॉ. भीमराव अंबेडकर का जीवन इसका बहुत बड़ा उदाहरण है। जब उन्होंने संविधान सभा में कहा, "हम पहले भी भारतीय हैं और अंत में भी भारतीय," तो वह महज़ एक राजनीतिक बयान नहीं था, बल्कि एक गहरा भावनात्मक संदेश था जिसने समाज को एकता का सूत्र दिया। उनके विचार आज भी करोड़ों लोगों के आचरण में ज़िंदा हैं।

व्यवहार से बनता है परिवेश

जब कोई बिना सोचे-समझे बोलता है या गुस्से में प्रतिक्रिया देता है, तो वह अपने आसपास असुरक्षा और टकराव का माहौल बना लेता है। इससे रिश्तों में दरारें आ जाती हैं। वहीं, जो लोग अपनी भावनाओं को समझदारी और संयम के साथ व्यक्त करते हैं, वे न केवल रिश्तों को मज़बूत बनाते हैं बल्कि एक संतुलित व्यक्तित्व भी खड़ा करते हैं।

निर्णय की गहराई ही भविष्य तय करती है

हमारा हर फैसला हमारे आज के साथ-साथ आने वाले कल को भी गढ़ता है। विश्लेषण वह प्रक्रिया है जो हमारे सोचने के तरीके और जीवन के उद्देश्यों को साफ़ करती है। अगर कोई छात्र केवल दोस्तों के कहने पर या दबाव में कोई विषय चुन लेता है, तो कुछ सालों बाद उसे अहसास होता है कि वह उस क्षेत्र से दिल से नहीं जुड़ा है।

विश्लेषण केवल विकल्पों की तुलना करना नहीं है, बल्कि खुद की गहराई को समझना है। उपनिषदों की एक कथा में एक ब्रह्मचारी जब गुरु के पास जाता है, तो गुरु उसे एकांत में चिंतन के लिए भेजते हैं। जब वह लौटकर आता है और कहता है कि अब वह दुनिया को समझकर उसमें जीना चाहता है, तो गुरु मुस्कुराते हैं। वह फैसला डर या दबाव से नहीं, बल्कि आत्म-मंथन से निकला था।

आत्म-ज्ञान की शुरुआत

जब हम अपने अनुभवों को गौर से देखना शुरू करते हैं, तो हमें अहसास होता है कि जीवन स्थिर नहीं, बल्कि एक निरंतर चलने वाली प्रक्रिया है। अभिव्यक्ति इस बदलाव का पहला कदम है। जब हम अपने विचारों को ईमानदारी से व्यक्त करते हैं, तो हमारे भीतर दबी हुई परतें खुलने लगती हैं। यह स्पष्टता हमें अपनी सीमाओं और डरों को पहचानने की ताकत देती है।

विश्लेषण हमें यह समझने में मदद करता है कि हमने जो कहा या किया, उसके पीछे का असली कारण क्या था। अगर हमने किसी से कड़वा बोला, तो विश्लेषण हमें यह दिखाएगा कि वह कड़वाहट हमारे भीतर के किस असंतोष या डर से पैदा हुई थी। यह ज्ञान हमें पश्चाताप की ओर नहीं, बल्कि सुधार की ओर ले जाता है।

स्व-परिवर्तन की राह

यह बदलाव रातों-रात नहीं होता; इसमें समय, धैर्य और निरंतरता की ज़रूरत होती है। जब हम रोज़ अपनी अभिव्यक्ति और विश्लेषण पर थोड़ा ध्यान देते हैं, तो हम खुद को एक नई दिशा में पाते हैं। अब हम पहले की तरह गुस्से में तुरंत नहीं चिल्लाते, बल्कि सोच-समझकर बात करते हैं।

इस प्रक्रिया में सबसे ज़रूरी है खुद के प्रति ईमानदार होना। जब हम अपनी कमियों और उलझनों को स्वीकार कर लेते हैं, तो उन्हें ठीक करने का साहस भी मिल जाता है। यही साहस हमारे विकास का बीज है। यह व्यक्तिगत यात्रा समाज पर भी असर डालती है, क्योंकि एक जागरूक व्यक्ति अपने आसपास के लोगों को भी प्रेरित करता है।

अभिव्यक्ति और विश्लेषण से जीवन का संचालन

अभिव्यक्ति और विश्लेषण की यह यात्रा महज़ विचारों का सिलसिला नहीं है, बल्कि जीवन को बदलने का एक गहरा अनुभव है। जब हमारी अभिव्यक्ति सच्ची होती है, तो वह दूसरे के दिल को छूती है। और जब हमारा विश्लेषण निष्पक्ष होता है, तो वह हमें अहंकार से मुक्त करता है।

जीवन की सबसे बड़ी शक्ति यह नहीं है कि हम क्या कह सकते हैं और कर सकते हैं, बल्कि यह है कि हम कैसे सुन, समझ और महसूस कर सकते हैं। इस पुस्तक का उद्देश्य आपको आपकी उसी आंतरिक शक्ति की याद दिलाना है। हर सुबह आपके पास यह मौका होता है कि आप तय करें कि आज आप कैसे सोचेंगे और कैसे अपनी बात रखेंगे।

अंत में संदेश यही है कि अभिव्यक्ति और विश्लेषण को महज़ एक 'औज़ार' न समझें। इन्हें अपने जीवन की धड़कन और अपनी आत्मा की भाषा बना लें। जब आप इन्हें जागरूकता के साथ अपनाएंगे, तो आप न केवल खुद को बेहतर समझेंगे, बल्कि इस दुनिया को भी एक नई रोशनी में देख पाएंगे।

अध्याय

5

स्थितियों को भाषा की तरह पढ़ना

स्थितियाँ बिना बोले भी बहुत कुछ कहती हैं

रोज़मर्रा की ज़िंदगी में हमारा सामना अनगिनत स्थितियों से होता है, जो लोगों, जगहों, समय और भावनाओं के मेल से बनती हैं। अक्सर हम सिर्फ वही देख या सुन पाते हैं जो ऊपर-ऊपर से घट रहा होता है, लेकिन बहुत कम लोग रुककर स्थितियों को एक 'अभिव्यक्ति' की तरह पढ़ते हैं। जैसे एक वाक्य का अर्थ उसके शब्दों, विराम-चिन्हों और लहजे में छिपा होता है, वैसे ही हर स्थिति के भीतर कुछ गहरे मायने छिपे होते हैं। इसे समझने के लिए किसी दिमागी कसरत की नहीं, बल्कि एक शांत और सजग दृष्टि की ज़रूरत है।

बीच में ही रुक गई कोई बातचीत, खामोशी से चला गया कोई व्यक्ति, या ग्रुप डिस्कशन के दौरान अचानक बदल गया कोई विषय, ये महज़ इत्तेफाक नहीं हैं। ये जीवन के वे संकेत हैं जो हमें कुछ बड़ा समझाने की कोशिश कर रहे हैं। हर लम्हे की अपनी एक आवाज़ होती है, तब भी जब वह शांत हो। कला तो उस खामोशी को सुनने में है।

देखने और परखने का आंतरिक हुनर

स्थितियों को भाषा की तरह समझने के लिए हमें 'गहराई से देखना' (Observation) सीखना होगा। 'देखना' और 'परखना' दो अलग बातें हैं। देखना शारीरिक है, लेकिन परखना मानसिक और भावनात्मक है। अगर कोई मुस्कुरा रहा है पर उसकी आँखें सूनी और दूर कहीं खोई हुई हैं, तो असली संदेश उसकी मुस्कुराहट में नहीं, बल्कि उसकी आँखों के उस खालीपन में है। बाज़ार की मिसाल लीजिए, एक दुकानदार शोर मचाकर ग्राहकों को बुलाता है, जबकि दूसरा शांति से अपना सामान सजाता है। दोनों कुछ कह रहे हैं; एक आवाज़ से, दूसरा अपने सलीके और खामोशी से। दुनिया ऐसे ही अनकहे 'पैराग्राफ' से भरी पड़ी है, बस हमें उन्हें पढ़ना आना चाहिए।

स्थितियों के विराम-चिन्ह: छोटी बातों की ताकत

जैसे लिखी हुई भाषा में कॉमा, पूर्ण-विराम और प्रश्न-वाचक चिन्ह होते हैं, वैसे ही जीवन में छोटी-छोटी रुकवावटें और हरकतें वही काम करती हैं। आपकी बात सुनते समय किसी का बार-बार अपनी घड़ी देखना, किसी बच्चे का जवाब देने से पहले थोड़ा हिचकिचाना, या किसी सहकर्मी का आपके केबिन में आने से पहले रुकना, ये सब जीवन की भाषा के विराम-चिन्ह ही तो हैं। ये रुकावटें नहीं, बल्कि विचार, झिझक या भावना के संकेत हैं। जागरूकता एक 'अनुवादक' (Translation Tool) की तरह काम करती है, जो इन खामोश संकेतों का अर्थ हमें समझा देती है।

लहजा: आत्मा का इशारा

शब्दों पर काबू पाना आसान है, लेकिन लहजा (Tone) अक्सर हमारे बस में नहीं होता। यह किसी भी अभिव्यक्ति का सबसे ईमानदार हिस्सा है। कोई कह सकता है, "मैं ठीक हूँ," लेकिन उसके लहजे में थकान या उदासी का भारीपन छिपा हो सकता है। लहजे को ऊँची आवाज़ की ज़रूरत नहीं होती; एक धीमी आवाज़ में भी गहरी तड़प हो सकती है। यहाँ तक कि दरवाज़ा बंद करने का तरीका, कुर्सी खींचने का ढंग या कदमों की आहट, ये सब हमारे भीतर के 'लहजे' की शारीरिक अभिव्यक्तियाँ हैं।

हाव-भाव: जीवित शब्द

इंसानी हाव-भाव कभी अचानक या बिना वजह नहीं होते। चेहरे पर हाथ ले जाना, बाहें सिकोड़ लेना या कुर्सी पर पीछे की ओर झुक जाना, ये सब एक कहानी कहते हैं। ये हरकतें अक्सर अनजाने में होती हैं, इसलिए शब्दों से ज़्यादा भरोसेमंद होती हैं। जैसे, कोई छात्र पूरे आत्मविश्वास से अपनी बात रख रहा हो, लेकिन पीठ पीछे उसके हाथ कसकर भिंचे हों, तो वह अपनी घबराहट छिपा रहा है। हम किसी एक हरकत से फैसला नहीं ले सकते, लेकिन जब उसे स्थिति और लहजे के साथ जोड़कर देखते हैं, तो हम 'लाइनों के बीच' (Read between the lines) पढ़ना सीख जाते हैं।

किसी जगह का 'भावनात्मक तापमान'

हर कमरे और हर माहौल का अपना एक 'भावनात्मक तापमान' होता है। यह वहाँ मौजूद लोगों के मूड और उनकी नियत से तय होता है। जब हम किसी कमरे में कदम रखते हैं, तो हम तुरंत महसूस कर लेते हैं कि वहाँ का माहौल खुशनुमा है, तनावपूर्ण है या ठंडा। जैसे परिवार के डिनर पर कोई बहस तो नहीं हो रही, फिर भी सब असामान्य रूप से चुप हैं, तो वह खामोशी कुछ कह रही है। कमरे

की इस भाषा को पढ़ने का मतलब है उस साझा भावना को महसूस करना, जिसे कोई बोलकर नहीं बता रहा।

समझने के लिए 'संदर्भ' ज़रूरी है

कोई भी स्थिति अलग-थलग नहीं होती; वह एक लंबी कहानी का हिस्सा होती है। किसी का आज का व्यवहार उसके बीते हुए कल से जुड़ा हो सकता है। अगर कोई सहकर्मी किसी छोटी सी बात पर भड़क जाता है, तो ऊपर से यह 'ओवर-रिएक्शन' लग सकता है। लेकिन अगर हमें पता चले कि वह पिछले कुछ दिनों से भारी दबाव में है या उसके साथ कुछ गलत हुआ है, तो हमारी गलतफहमी 'करुणा' में बदल जाएगी। यही संदर्भ (Context) की ताकत है, यह अधूरी जानकारी को पूरी समझ में बदल देता है।

ग्रहणीय जागरूकता का निर्माण

स्थितियों को पढ़ने का हुनर हमारी आंतरिक स्पष्टता से जुड़ा है। अगर हमारा मन अपने ही पूर्वाग्रहों या अधीरता से भरा है, तो हम स्थिति को वैसे नहीं देखेंगे जैसी वह है, बल्कि वैसी देखेंगे जैसे हम हैं। एक साफ़ मन आईने की तरह होता है, वह जो दिखाता है, उसमें मिलावट नहीं करता। इसके लिए दिन भर में कुछ पल 'मौन' रहने का अभ्यास करें। बिना जवाब तैयार किए सुनना और बिना किसी प्रतिक्रिया या जल्दबाज़ी के देखना ही इस संवेदनशीलता को निखारता है।

विषय, विचार और ज़रूरत के ज़रिए समझना

किसी भी स्थिति को समझने के लिए हम इन तीन पैमानों का उपयोग कर सकते हैं:

- **विषय (Subject):** ऊपर-ऊपर से क्या घट रहा है? (जैसे: दोस्त ने मीटिंग कैंसिल कर दी)।

- **विचार (Thought):** इस क्रिया के पीछे कौन सी भावना हो सकती है? (जैसे: शायद वह बहुत थका हुआ है)।
- **ज़रूरत (Need):** वह अनकही इच्छा क्या है जिसने यह स्थिति पैदा की? (जैसे: उसे थोड़े एकांत या आराम की ज़रूरत है)। जब हम इस नज़रिए से देखते हैं, तो हम 'जज' करने के बजाय 'जिज्ञासु' बन जाते हैं, और यहीं से रिश्तों में सुरक्षा का अहसास शुरू होता है।

जैसे एक रिसेप्शनिस्ट सुबह के वक्त बहुत उत्साह से स्वागत करती है, लेकिन शाम होते-होते उसके वही शब्द फीके पड़ जाते हैं। शब्द नहीं बदले, बस उसकी ऊर्जा बदल गई। एक सजग व्यक्ति इस बदलाव को आलोचना के लिए नहीं, बल्कि इंसान की भावनात्मक लय को समझने के लिए देखता है।

स्थितियाँ: वर्तमान में होने का निमंत्रण

हर स्थिति हमें वर्तमान के और करीब लाती है। यह हमें सिखाती है कि हम महज़ 'रिएक्ट' न करें, बल्कि महसूस करें और गहराई से सोचें। जितना हम स्थितियों को भाषा की तरह पढ़ना सीखेंगे, जीवन उतना ही जीवंत लगेगा। हमें अहसास होगा कि कुछ भी व्यर्थ या रैंडम नहीं है, हर खामोशी, हर देरी और हर अप्रत्याशित मोड़ एक मनोवैज्ञानिक संकेत है।

जीवन के व्याकरण को सुनना

जैसे व्याकरण एक वाक्य को बांधकर रखता है, वैसे ही जीवन के उतार-चढ़ाव का भी अपना एक व्याकरण है। यह विराम, लहजे, उपस्थिति और पृष्ठभूमि से बनता है। हम इसके साथ पैदा नहीं होते, लेकिन ध्यान और शांति से इसे सीख सकते हैं। जब हम यह भाषा समझ लेते हैं, तो जीवन कम उलझा हुआ और ज़्यादा 'काव्यात्मक' लगने लगता है। स्थितियाँ अब भी हमें चौंकाएंगी, लोग अब भी अजीब

व्यवहार करेंगे, लेकिन हमारा जवाब 'पूर्वाग्रह' से नहीं बल्कि 'समझ' से निकलेगा। यही स्थितियों को पढ़ने की असली ताकत है, यह हमें केवल जानकार नहीं, बल्कि दयालु और संवेदनशील इंसान बनाती है।

अध्याय 6

निर्णय की प्रक्रिया

भाग 1: विचार, भावना और समझ

हर फैसले के पीछे छिपी भावनाओं की जड़ें

जब हम कोई फैसला लेते हैं, तो वह महज़ एक चुनाव नहीं होता, बल्कि हमारे अस्तित्व की गहराइयों से निकला एक संकेत होता है। यह संकेत न केवल हमारे बाहरी जीवन को दिखाता है, बल्कि यह भी बताता है कि हमारे विचारों की दिशा क्या है, हमारे अनुभवों की छाप कैसी है और हमारे मन का संतुलन कैसा है। हमें कभी-कभी लग सकता है कि निर्णय लेना केवल दिमाग का काम है, लेकिन असल में यह हमारे आंतरिक जगत का एक आईना होता है।

रोज़ाना हम अनगिनत फैसले लेते हैं। कुछ बहुत साधारण होते हैं: जैसे सुबह क्या पहनना है, किससे बात करनी है, क्या खाना है या

किस काम को पहले निपटाना है। लेकिन कुछ फैसले ऐसे होते हैं जो हमारे जीवन की पूरी दिशा बदल देते हैं। मसलनः क्या हमें अपनी नौकरी छोड़ देनी चाहिए, किसी नए अवसर को अपनाना चाहिए, या किसी रिश्ते को आगे बढ़ाना चाहिए? इन सब फैसलों के पीछे सिर्फ परिस्थितियाँ नहीं होतीं, बल्कि विचारों, भावनाओं और उस स्थिति की समझ का एक पूरा ताना-बाना होता है जो धीरे-धीरे आकार लेता है।

अक्सर एक साधारण सा दिखने वाला फैसला भी भावनाओं से भरा हो सकता है। उदाहरण के लिए, जब कोई व्यक्ति दिन भर की थकान के बाद रात के खाने का चुनाव करता है, तो वह चुनाव केवल स्वाद के आधार पर नहीं होता। वह उस थकान से भी प्रभावित होता है जो उसके तन और मन को छू रही है। ऐसे में वह शायद कुछ ऐसा खाना चाहेगा जो उसे सुकून दे, जो उसे भीतर से हल्का महसूस कराए। ठीक इसी तरह, जब कोई व्यक्ति भावनात्मक तनाव में होता है, तो वह कभी-कभी बिना भूख के भी खाता है, क्योंकि वह भोजन उसे एक तरह का भावनात्मक सहारा देता है।

कभी-कभी कोई व्यक्ति अचानक अपने पूरे घर की सफाई और उसे व्यवस्थित करना शुरू कर देता है। बाहर से देखने वाले को यह एक सामान्य घरेलू काम लग सकता है, लेकिन अगर हम गौर करें, तो यह व्यवहार उसके भीतर चल रही किसी भावनात्मक उथल-पुथल का संकेत हो सकता है। मुमकिन है कि वह व्यक्ति अंदर से खुद को अस्थिर महसूस कर रहा हो या किसी ऐसी उलझन से जूझ रहा हो जिसे वह सुलझा नहीं पा रहा। सफाई के उस काम में वह असल में एक 'आंतरिक व्यवस्था' बनाने की कोशिश कर रहा होता है, जैसे बाहर की चीजों को सहेजने से उसके भीतर की बेचैनी शांत हो जाएगी। यह फैसला छोटा लग सकता है, लेकिन इसकी जड़ें उस व्यक्ति की आंतरिक स्थिति से गहराई से जुड़ी होती हैं।

फैसले केवल तर्क से नहीं, मन की स्थिति से तय होते हैं

हर निर्णय केवल लॉजिक या तर्क से प्रभावित नहीं होता, बल्कि उसमें हमारे अनुभव, हमारी भावनाएँ और हमारे भीतर चलने वाला संवाद भी शामिल होता है। हम कभी-कभी फैसले लेने में इसलिए हिचकिचाते हैं क्योंकि हमें गलत कदम के परिणामों का डर होता है। कभी हम अपने आदर्शों के आधार पर फैसले लेते हैं, और कभी-कभी हम फैसले इसलिए नहीं ले पाते क्योंकि हम मानसिक रूप से परिस्थितियों का सामना करने के लिए तैयार नहीं होते। ये सभी कारक चुपचाप हमारे हर निर्णय को गढ़ते हैं।

इसलिए, जब हम अपने फैसलों की प्रकृति को समझने की कोशिश करते हैं, तो हमें यह भी अहसास होता है कि निर्णय लेना किसी भी स्थिति की अंतिम मंजिल नहीं है। बल्कि, यह एक यात्रा है जो हमारे विचारों, भावनाओं और समझ से होकर गुज़रती है। अगर हम इस प्रक्रिया को जागरूकता के साथ देखें, तो पाएंगे कि हर फैसले में हमारे जीवन के अनुभवों की झलक छिपी होती है।

निर्णय और प्रतिक्रिया के बीच का अंतर समझना

अक्सर ऐसा होता है कि हमें लगता है कि हमने कोई 'फैसला' लिया है, लेकिन असल में वह केवल हमारी भावनाओं के आवेग में दी गई एक 'प्रतिक्रिया' (Reaction) होती है। उदाहरण के लिए, जब कोई रिश्ता एक मुश्किल मोड़ पर खड़ा हो और हम अचानक उसे खत्म करने का फैसला कर लें, तो वह चुनाव तर्क पर नहीं, बल्कि उस पल के भावनात्मक उफान पर आधारित होता है। शायद उस व्यक्ति ने वह कदम इसलिए उठाया क्योंकि वह अपनी आंतरिक लाचारी या गुस्से को व्यक्त नहीं कर पाया, और उसने एक ऐसा कदम उठा लिया जिसे वह बाद में 'फैसला' कहता है।

यह समझना बहुत ज़रूरी है कि निर्णय और प्रतिक्रिया में क्या फर्क है। 'निर्णय' एक अच्छी तरह सोचा-समझा निष्कर्ष होता है, जबकि 'प्रतिक्रिया' भावनाओं के अचानक उठने वाले ज्वार से पैदा होती है। एक फैसला तब परिपक्व होता है जब हम शांति से अपनी वर्तमान स्थिति, अपनी इच्छाओं और अपने डरों को तौलते हैं, और फिर सोचते हैं कि हमें सचमुच क्या करना चाहिए।

एक अनुभवी कलाकार था, जो सालों से अपनी पेंटिंग्स के ज़रिए शांति और संवेदनशीलता का संदेश दे रहा था। एक प्रदर्शनी में, एक युवा आलोचक ने उसके काम पर एक कड़ी टिप्पणी कर दी कि उसकी कला में मौलिकता की कमी है। यह सुनकर कलाकार ने गुस्से में आकर तुरंत यह तय कर लिया कि वह अब कभी पेंटिंग नहीं करेगा। अगले दिन उसने अपने सारे ब्रश और रंग समेटने शुरू कर दिए और कहा, "अब मेरे भीतर व्यक्त करने के लिए कुछ नहीं बचा है।" लेकिन जब वह रात को अकेला बैठा और उसने खुद से संवाद किया, तो उसे अहसास हुआ कि उसका यह फैसला किसी रचनात्मक कमी से नहीं, बल्कि उसके आत्म-सम्मान को लगी चोट और अस्वीकृति के डर से निकला था। सच तो यह था कि उस आलोचक की टिप्पणी उसके लिए दर्द नहीं, बल्कि बदलाव का एक छिपा हुआ संदेश थी।

इसलिए, यह पहचानना बहुत ज़रूरी है कि हम जो कदम उठा रहे हैं, वह हमारी सच्ची समझ से निकल रहा है या महज़ भावनाओं की एक लहर है। इसके लिए हमें रुककर खुद से पूछना चाहिए: "क्या मैं इस वक्त शांत हूँ?", "क्या मैं यह फैसला लेने के लिए तैयार हूँ?", "क्या यह निर्णय मेरी समझ और संतुलन से आ रहा है, या किसी चोट, डर या थकान से?"

निर्णय में विचार, भावना और परिस्थिति की तालमेल वाली भूमिका

जब हम निर्णय लेने की प्रक्रिया को गहराई से समझने की कोशिश करते हैं, तो हमें यह साफ़ तौर पर मानना होगा कि केवल विचार या केवल भावना काफी नहीं हैं। एक अच्छा फैसला तब बनता है जब विचार, भावना और स्थिति की समझ, ये तीनों मिलकर एक लय (Harmony) में काम करते हैं। 'विचार' हमें दिशा देते हैं, 'भावना' हमें उस दिशा से जुड़ाव महसूस करने में मदद करती है, और 'स्थिति की समझ' हमें बताती है कि कब और कैसे कदम उठाना है।

'विचार' का क्षेत्र वह है जहाँ हम संभावनाओं की तुलना करते हैं। जैसे, जब एक छात्र यह सोचता है कि उसे कला के क्षेत्र में जाना चाहिए या सिविल सेवा की तैयारी करनी चाहिए, तो वह दोनों के अच्छे और बुरे पहलुओं को तौलता है। यह विश्लेषण उसके अनुभवों, भविष्य की आकांक्षाओं और आत्मविश्वास पर आधारित होता है। लेकिन केवल विचार के आधार पर फैसला नहीं लिया जा सकता, क्योंकि भावना भी एक बड़ी भूमिका निभाती है।

भावनाएँ हमारे फैसलों में जान फूँकती हैं। वे हमें यह महसूस करने में मदद करती हैं कि कौन सा विकल्प हमें संतुष्टि देगा और कौन सा हमें अंदर से खाली छोड़ देगा। जैसे, जब एक कलाकार अपनी नौकरी छोड़कर स्वतंत्र रूप से पेंटिंग करना चाहता है, तो यह फैसला केवल आर्थिक या तार्किक नहीं होता। इसमें यह भावना भी जुड़ी होती है कि वह अपनी आंतरिक रचनात्मकता को कैसे व्यक्त करना चाहता है। अगर वह केवल सामाजिक अपेक्षाओं के दबाव में काम करना जारी रखता है, तो मुमकिन है कि वह धीरे-धीरे अंदर से टूट जाए।

अब बात करते हैं 'परिस्थिति की समझ' (Understanding the Situation) की। अगर हम स्थिति का सही मूल्यांकन नहीं कर पाते, तो सबसे अच्छे विचार और सबसे सच्ची भावना भी उलझ सकती है। उदाहरण के लिए, अगर कोई किसी रिश्ते को खत्म करना चाहता है लेकिन उसे यह नहीं पता कि असली समस्या कहाँ है, खुद के भीतर, दूसरे व्यक्ति में या परिस्थितियों में, तो वह फैसला अधूरा रहेगा। जब हम यह नहीं समझते कि हमारे पास क्या विकल्प मौजूद हैं, या हमारे फैसले से कौन प्रभावित होगा, तो हम अनजाने में एक ऐसा रास्ता चुन सकते हैं जो बाद में पछतावे की ओर ले जाए।

जब हम सोचते हैं कि "मुझे यह फैसला लेना है," तो हमें वास्तव में यह पूछना चाहिए: "क्या मैं इस वक्त सोचने की स्थिति में हूँ?" अक्सर हमें लगता है कि हम सोच रहे हैं, लेकिन हकीकत में हम सिर्फ रिएक्ट कर रहे होते हैं। सोचने के लिए एक शांत मन, भावनाओं को पहचानने की ईमानदारी और स्थिति को परखने की जागरूकता ज़रूरी है।

मान लीजिए किसी ने एक नया छोटा व्यवसाय शुरू किया है। पहले कुछ महीनों में उसे लगातार घाटा होता है, ग्राहक नहीं आते और खर्चे बढ़ते जाते हैं। एक दिन गुस्से और थकान में आकर वह कह देता है, "मुझे इसे अब बंद कर देना चाहिए; मैं यह नहीं कर सकता।" यह फैसला किसी ठोस विश्लेषण के बजाय उस पल की हताशा, असफलता के डर और आर्थिक दबाव से निकला है। अगर वह थोड़ा ठहरता और यह सोचता कि क्या उसकी मार्केटिंग सही थी, क्या उसके उत्पाद लोगों की ज़रूरत को पूरा कर रहे थे, या क्या उसकी रणनीति में सुधार की गुंजाइश थी, तो मुमकिन है कि वह उस मुश्किल दौर से उबर जाता। यह दिखाता है कि भावनात्मक दबाव में लिए गए फैसले अक्सर भविष्य की संभावनाओं के दरवाज़े बंद कर देते हैं।

जब हम किसी स्थिति को पढ़ना सीख जाते हैं, तो हम यह भी समझ जाते हैं कि कौन सा फैसला कब लेना है। मुमकिन है कि एक सही फैसला भी अगर गलत समय पर लिया जाए, तो वह नुकसानदेह हो सकता है। जैसे खेती के लिए बीजों का चुनाव तो सही हो, लेकिन अगर उन्हें समय पर न बोया जाए, तो फसल अच्छी नहीं होगी।

गलत फैसले क्यों होते हैं और उनसे कैसे बचें?

गलत फैसले तब होते हैं जब इन तीन तत्वों में से कोई एक अधूरा रह जाता है। अगर 'विचार' है पर 'भावनात्मक जुड़ाव' नहीं, तो फैसला खोखला होगा। अगर 'भावना' प्रबल है पर 'विचार' गायब है, तो फैसला अस्थिर होगा। और अगर 'स्थिति की जानकारी' अधूरी है, तो फैसला गुमराह करने वाला हो सकता है।

गलत फैसलों से बचने के लिए यह ज़रूरी है कि हम अपने भीतर इन तीनों तत्वों को साफ़-साफ़ पहचानें। सबसे पहले सोचें: "क्या मैं इस फैसले को तार्किक रूप से देख पा रहा हूँ?" फिर पूछें: "मैं जो भावना महसूस कर रहा हूँ, क्या वह स्थायी है या बस अभी की एक लहर है?" और अंत में गौर करें: "क्या मेरे पास स्थिति की पूरी जानकारी है, या मैं सिर्फ अंदाज़ों पर चल रहा हूँ?"

इन सवालों से गुज़रकर हम एक जागरूक निर्णय की ओर बढ़ सकते हैं। इससे हम न केवल उन फैसलों से बच पाते हैं जो केवल पल भर की राहत देते हैं, बल्कि हम ऐसे चुनाव कर पाते हैं जो भविष्य में टिकाऊ और संतोषजनक हों। जब हम ऐसे फैसले लेते हैं, तो वे केवल एक घटना नहीं रह जाते, बल्कि हमारे विकास का हिस्सा बन जाते हैं।

भाग 2: अभिव्यक्ति, आत्म-मंथन और अंतरात्मा का मार्गदर्शन

निर्णय लेना केवल दिमाग का खेल या सामाजिक परिस्थितियों के आधार पर किया गया चुनाव नहीं है। यह हमारे भीतर के अनुभवों, भावनाओं और हलचलों से जुड़ा एक गहरा अहसास है। निर्णय की प्रक्रिया तब शुरू होती है जब कोई स्थिति हमें बार-बार प्रभावित करती है, जब हम किसी बात को लेकर लगातार सोचते रहते हैं या किसी भावना में डूब जाते हैं। यह प्रक्रिया अंदर ही अंदर बड़ी खामोशी से चलती है। जब कोई चीज़ हमें गहराई से छूती है या हमारा ध्यान खींचती है, तो वह एक इशारा होती है कि अब उस दिशा में कुछ सोचने या बदलने का वक्त आ गया है।

यह शुरुआत अक्सर हमारी अभिव्यक्ति से होती है, चाहे वह बोलकर हो, लिखकर हो, या बस खामोशी में महसूस करके। कभी-कभी हम दूसरों से कुछ कह नहीं पाते, पर वह विचार हमारे मन में बार-बार लौटता रहता है। यह 'बार-बार लौटना' ही खुद से संवाद (Self-dialogue) है। इसी खामोशी और इसी सोच के बीच एक निर्णय का बीज बोया जाता है, जो समय के साथ आकार लेता है। फैसला तभी मज़बूत होता है जब हम खुद से ईमानदारी से जुड़ते हैं।

जब कोई बात बार-बार मन में आए

जब हम किसी मुश्किल दौर में होते हैं, तो हमारी अभिव्यक्ति, हमारे सांस लेने का तरीका, आँखों की नमी या चेहरे की थकान, सब मिलकर हमारे मन की स्थिति बयां कर देते हैं। ये सब बिना एक शब्द बोले बहुत कुछ कह जाते हैं। जब कोई बात बार-बार दिमाग में आती है, तो वह महज़ एक याद नहीं है; वह हमारे भीतर चल रही उथल-पुथल का संकेत है। यह संकेत बताता है कि कोई विषय हमारी चेतना

का दरवाज़ा खटखटा रहा है और अब उसे समझने, स्वीकार करने या उस पर फैसला लेने का समय आ गया है।

अक्सर इंसान अपनी भावनाओं को शब्दों में नहीं ढाल पाता, पर उसका मन उसी सोच में उलझा रहता है। यह उलझन ही एक गहरी अभिव्यक्ति बन जाती है। यही वह पल है जब आत्म-मंथन (Self-reflection) ज़रूरी हो जाता है। जब हम किसी मुद्दे पर केवल सोचते नहीं, बल्कि उसे गहराई से महसूस करते हैं, तभी सही मायने में निर्णय लेने की प्रक्रिया शुरू होती है।

खुद के प्रति ईमानदार होना

आत्म-मंथन का मतलब है खुद से एक सच्ची बातचीत। इसमें कोई दिखावा नहीं, कोई नकाब नहीं। यह उस पल की सच्चाई है जहाँ हम अपने विचारों और भावनाओं के साथ अकेले होते हैं। उदाहरण के लिए, जब कोई व्यक्ति जीवन में बार-बार असफलता का सामना करता है और खुद से पूछता है, "क्या मैं गलत दिशा में जा रहा हूँ?", तो यही सवाल आत्म-मंथन की शुरुआत है।

यह मंथन हमें उस जगह ले जाता है जहाँ हम फैसलों को केवल 'नतीजों' के तौर पर नहीं, बल्कि एक 'प्रक्रिया' के रूप में देखते हैं। हम यह समझ पाते हैं कि हम ऐसा क्यों सोच रहे हैं और हमारी भावनाएँ क्या कह रही हैं।

जब अपनी आवाज़ सुनना बाहर की सलाह से ज़्यादा ज़रूरी हो

बहुत से लोग फैसले लेने के लिए बाहरी सलाह या तर्क का सहारा लेते हैं, लेकिन जब तक फैसला अंदर से न आए, वह अधूरा ही रहता है। बाहर के लोग सुझाव दे सकते हैं, पर अंतरात्मा का मार्गदर्शन ही वह सच्चा रास्ता है जो इंसान को संतुलन की ओर ले जाता है। जैसे एक नाविक तूफान में दिशा खोजने के लिए आसमान के तारों को देखता है, वैसे ही इंसान को मुश्किल वक्त में अपने भीतर

देखना चाहिए। जब यह आंतरिक दृष्टि सच की रोशनी से भर जाती है, तो फैसले की दिशा साफ़ हो जाती है।

निर्णय लेने से पहले भीतर झांकना सीखें

फैसला लेना खुद को गहराई से जानने का एक मौका है। हर छोटा-बड़ा निर्णय हमारी भावनाओं और विचारों की एक झलक देता है। कभी-कभी हमें लगता है कि हमारा फैसला पूरी तरह तार्किक है, पर करीब से देखने पर पता चलता है कि उसमें हमारे पुराने अनुभव, अधूरी इच्छाएँ या अनकहे डर छिपे हैं।

अगर कोई अचानक किसी रिश्ते को छोड़ने का फैसला करता है, तो बाहर से यह एक निडर कदम लग सकता है। लेकिन मुमकिन है कि अंदर ही अंदर वह व्यक्ति बहुत लंबे समय से अकेलापन या दबाव झेल रहा हो। उसका फैसला असल में उस भावनात्मक थकान का नतीजा है जिसे उसने कभी ज़ुबान नहीं दी थी। ऐसे में अगर वह रुककर खुद से पूछता, "मैं सच में क्या महसूस कर रहा हूँ?", तो शायद फैसले का स्वरूप बदल जाता।

भावनाएँ भी निर्णय लेने में मदद करती हैं

निर्णय में भावनाओं की भूमिका से इनकार नहीं किया जा सकता। हमारे हर विचार के पीछे कोई न कोई भावना छिपी होती है। यहाँ तक कि जब हम खुद से कहते हैं, "यह विकल्प सबसे अच्छा है," तो हो सकता है कि उसके पीछे की भावना यह हो कि "इससे लोग मुझे पसंद करेंगे" या "इससे मैं सुरक्षित महसूस करूँगा।" इन भावनाओं को पहचानना फैसले को कमज़ोर नहीं करता, बल्कि और ज़्यादा साफ़ बनाता है।

मनोविज्ञान भी कहता है कि हमारे फैसले किसी न किसी फायदे या सुरक्षा के लिए होते हैं। यह फायदा बाहरी न होकर आंतरिक संतुलन या पुराने ज़ख्मों से दूरी बनाने के रूप में भी हो सकता है।

इसलिए, किसी भी फैसले से पहले अपनी अंतरात्मा को सुनना सीखें। जैसे नदी की सतह पर उठने वाली लहरें बताती हैं कि पानी किस तरफ बह रहा है, वैसे ही मन में उठने वाली भावनाएँ बताती हैं कि हमें किस दिशा में बढ़ना चाहिए।

जब फैसला दिल से निकलता है

फैसला लेना केवल एक रास्ता चुनना नहीं है, बल्कि हमारे भीतर की सच्चाई की अभिव्यक्ति है। हमारे फैसले बताते हैं कि हम खुद को कैसे देखते हैं और हम अपनी ज़िंदगी में क्या चाहते हैं। अक्सर हमें लगता है कि फैसला दिमाग से लिया जाता है, पर हकीकत में यह दिल का मामला होता है। जब कोई कहता है कि वह अब किसी रिश्ते या स्थिति में नहीं रह सकता, तो वह असल में खुद से कह रहा होता है, "अब मैं खुद से झूठ नहीं बोल सकता।"

स्पष्ट सोच से लिए गए फैसलों की ताकत

एक महिला जो सालों से कॉर्पोरेट नौकरी कर रही थी, अचानक फैसला करती है कि अब वह बच्चों को पेंटिंग सिखाएगी। सब हैरान थे, इतनी अच्छी तनख्वाह छोड़कर यह क्या? पर यह कोई जल्दबाज़ी का फैसला नहीं था। यह उस आंतरिक आवाज़ का जवाब था जो सालों से कह रही थी, "कुछ ऐसा करो जिसमें तुम्हारा दिल लगे, सिर्फ पैसा नहीं।" यह फैसला करियर बदलने के बारे में नहीं था, बल्कि खुद के प्रति सच्चा होने के बारे में था।

स्पष्टता के साथ लिए गए फैसले कभी अस्थिर नहीं होते। भले ही वे कठिन हों, भले ही उनसे अकेलापन आए, लेकिन इंसान उनके साथ सहज रहता है। जब व्यक्ति अपने फैसलों की ज़िम्मेदारी लेना शुरू कर देता है, तो वह दूसरों को दोष नहीं देता। वह कहता है, "मैंने यह अपनी पूरी समझ से किया है।"

निर्णय का मतलब है खुद को समझना

ज़िंदगी के ज़्यादातर फैसले विकल्पों को चुनने की प्रक्रिया नहीं हैं, बल्कि यह तय करने की प्रक्रिया है कि हम किस अनुभव को जीना चाहते हैं। हर फैसला एक दिशा तय करता है।

एक घरेलू महिला जो सालों से परिवार की देखभाल कर रही थी, अचानक अपना छोटा सा काम शुरू करने का फैसला लेती है। लोगों को यह मामूली बदलाव लगा, पर उसके लिए यह खुद को फिर से पहचानने की कोशिश थी। उसने घर की चारदीवारी से बाहर निकलकर कहा, "अब मैं थोड़ा अपने लिए भी जीना चाहती हूँ।"

क्या यह फैसला हमें खुद से जोड़ता है या दूर ले जाता है?

फैसलों को केवल नतीजों के आधार पर नहीं देखा जाना चाहिए। वे वह दरवाज़ा हैं जिनसे हम अपनी आंतरिक सच्चाई तक पहुँचते हैं। हर स्थिति में खुद से यह पूछें, "क्या यह फैसला मुझे मेरे करीब लाएगा या मुझसे दूर ले जाएगा?" यह सवाल आपका मार्गदर्शन करेगा। अगर हम कोई फैसला सिर्फ इसलिए लेते हैं क्योंकि सब ऐसा कर रहे हैं, तो वह हमें भीड़ का हिस्सा तो बना देगा, पर खुद से दूर कर देगा।

जब इंसान अपने 'क्यों' (Why) को पहचान लेता है, तो उसका 'कैसे' (How) अपने आप साफ़ हो जाता है।

जब हम खुद से ईमानदारी से बात करते हैं

निर्णय लेने की प्रक्रिया में सबसे बड़ा योगदान खुद से संवाद (Self-dialogue) का है। जब व्यक्ति खुद से खुलकर बात करता है, तो उसके फैसले ऊपर से थोपे हुए नहीं लगते, बल्कि अंदर से निकले हुए महसूस होते हैं। हर फैसला हमारे और हमारे आंतरिक अनुभवों के बीच एक बातचीत है।

इसलिए, निर्णय केवल बाहरी परिस्थितियों का समाधान नहीं हैं। वे हमारे आंतरिक मार्गदर्शन का परिणाम हैं। और जब हम इस मार्गदर्शन के साथ चलते हैं, तो हम न केवल अपनी मंज़िल तक पहुँचते हैं, बल्कि उस यात्रा में खुद को भी खोज लेते हैं।

अध्याय 7

आत्म-विश्लेषण और रूपांतरण

भाग 1: स्व-विश्लेषण और निर्णय

हमें अक्सर लगता है कि हमारे फैसले पूरी तरह सोच-समझ और तर्क पर टिके हैं। हमें लगता है कि हर कदम पर हमारा पूरा काबू है, हम सही-गलत को अच्छे से तौल रहे हैं। लेकिन अगर हम रुककर अपने फैसलों को महसूस करें, तो पता चलेगा कि इनमें से कई फैसले हमारे भीतर के किसी 'अधूरेपन' से निकलते हैं। कभी हम कुछ खोने के डर से फैसला लेते हैं, तो कभी किसी अधूरी इच्छा को पूरा करने के लिए। अक्सर हमें यह भी पता नहीं होता कि हम जो रास्ता चुन रहे हैं, वह हमारी ज़रूरत है या किसी पुराने ज़ख्म से बचने की कोशिश।

हमारी ज़रूरतें, जैसे सम्मान की चाहत, स्वीकार किए जाने की इच्छा, प्यार की तलाश या सुरक्षा का अहसास, ये हमारी आदतों में इस कदर घुली होती हैं कि हम इन्हें पहचान ही नहीं पाते। हमें लगता है कि हम 'सही' विकल्प चुन रहे हैं, लेकिन अंदर ही अंदर हम उस चुनाव की ओर झुकते हैं जो हमारे किसी डर को शांत कर दे।

यही वह 'अनदेखा हिस्सा' है जिसे हम 'मन की गहराई' कह सकते हैं। यह गहरा मानसिक स्तर ही हमारे फैसलों की असली ताकत बन जाता है, जिसे हम पहचान नहीं पाते। इसलिए, अपने फैसलों के नीचे छिपी उस परत को समझना बहुत ज़रूरी है, जो तर्क से नहीं बल्कि हमारे अनुभवों और भावनाओं से बनी है। जब हम अपनी गहरी ज़रूरतों और असुरक्षाओं को पहचानना सीख जाते हैं, तब हमारे फैसले हकीकत के करीब और ज़्यादा समझदारी भरे होते हैं। इससे न केवल फैसलों की गुणवत्ता सुधरती है, बल्कि जीवन में एक स्थिरता आती है।

निर्णयों के पीछे का 'स्वार्थ': एक गहरा नज़रिया

'स्वार्थ' शब्द सुनते ही हमें थोड़ी बेचैनी होती है, जैसे यह कोई बुराई हो। आमतौर पर स्वार्थ को नकारात्मक माना जाता है, लेकिन अगर सही संदर्भ में समझें, तो स्वार्थ वह ऊर्जा है जो हमारे फैसलों को गति देती है। स्वार्थ वह आंतरिक इच्छा या ज़रूरत है जिसे हम शब्दों में नहीं कह पाते, पर जो चुपचाप हमारे फैसलों के पीछे काम करती है।

हर इंसान कुछ न कुछ चाहता है। यह चाहत कभी बाहर दिखती है, तो कभी अंदर छिपी रहती है। अगर यह चाहत साफ़ और सजग है, तो फैसला उद्देश्यपूर्ण होता है। लेकिन अगर यह चाहत दबी हुई है या हम इसे मानने से इनकार करते हैं, तो यही स्वार्थ हमारे फैसलों को उलझा देता है।

स्वार्थ को हम तीन स्तरों पर देख सकते हैं:

1. **सजग इच्छा (Aware Desire):** जब इंसान को पता होता है कि वह क्या चाहता है और क्यों चाहता है। यहाँ कोई दिखावा नहीं होता। जैसे एक लड़की कहती है, "मुझे अपना क्लिनिक खोलना है ताकि गाँव की महिलाओं का इलाज कर सकूँ और अपना घर भी चला सकूँ।" यह उसकी ज़रूरत और समझ है। यहाँ कोई हिचकिचाहट नहीं है क्योंकि वह अपनी मंज़िल और मकसद को जानती है। ऐसा स्वार्थ असल में 'ईमानदारी' का रूप है, जो हमें स्पष्टता देता है।
2. **छिपा हुआ मकसद (Hidden Motive):** कभी-कभी हमें खुद पता नहीं होता कि हम जो चाहते हैं उसके पीछे असली वजह क्या है। हम तर्क तो देते हैं, पर अंदर कोई डर या अधूरापन काम कर रहा होता है। जैसे, कोई व्यक्ति बहस में अपनी बात को सच साबित करने की ज़िद करता है। बाहर से यह बहस लगती है, पर गहराई में वह चाहता है कि लोग उसे गलत न कहें, क्योंकि शायद उसमें आत्मविश्वास की कमी है। जब हम रुककर पूछते हैं, "मैं ऐसा क्यों कर रहा हूँ?", तब गहरी बातें सामने आती हैं और हमारे फैसले डर के बजाय सच्चाई पर टिकने लगते हैं।
3. **नकारी गई ज़रूरत (Denied Need):** यह वह स्थिति है जहाँ इंसान अपनी ज़रूरतों से पूरी तरह मुकर जाता है। "मुझे कुछ नहीं चाहिए", "मैं तो सबके लिए जीता हूँ", जब ये बातें अहंकार या दिखावे से कही जाती हैं, तो यह एक खतरनाक झूठ बन जाती हैं। स्वार्थ को नकारने वाला व्यक्ति अपनी गहरी भावनाओं और नाकामियों को छिपाता है। लेकिन वह ज़रूरत किसी और रूप में, गुस्से, हताशा या उदासी, बनकर बाहर आती है।

सजग स्वार्थ हमें ज़िम्मेदार बनाता है, छिपा हुआ स्वार्थ हमें आत्म मंथन की प्रेरणा देता है, और नकारा गया स्वार्थ हमें दुखी करता है।

स्वार्थ और आत्म-सम्मान का रिश्ता

अक्सर फैसले अपनी छवि, मान-सम्मान और सामाजिक पहचान को बचाने के लिए लिए जाते हैं। यहाँ स्वार्थ बाहरी फायदे के लिए नहीं, बल्कि अपनी 'सेल्फ-वर्थ' को बनाए रखने के लिए होता है।

मिसाल के तौर पर, एक व्यक्ति जिसे सब शांत समझते हैं, वह गुस्सा होने पर भी उसे दबा लेता है क्योंकि वह अपनी 'शांत छवि' को खोना नहीं चाहता। यहाँ स्वार्थ यह है कि वह चाहता है कि लोग उसे एक सुलझे हुए इंसान के रूप में ही देखें। वैसे ही एक 'आदर्श शिक्षक' अपनी थकान छिपाकर काम करता रहता है ताकि वह लोगों की नज़रों में उस ऊँचे पद से न गिर जाए। ये फैसले अपनी छवि को बचाए रखने का एक तरीका हैं, जो स्वार्थ का ही एक सूक्ष्म रूप है।

स्वार्थ को बुराई नहीं, दिशा बनाना सीखें

स्वार्थ को खत्म करने वाली बुराई मानने के बजाय, उसे सकारात्मक बदलाव की दिशा बनाया जा सकता है। यह एक आंतरिक प्रेरणा है। जब हम इसे स्वीकार कर लेते हैं, तो हम अपने फैसलों के प्रति ज़्यादा ईमानदार हो जाते हैं।

- "मुझे सम्मान चाहिए, इसलिए मैं यह भूमिका निभा रहा हूँ।" जब हम यह मान लेते हैं, तो हम अपनी भूमिका और बेहतर ढंग से निभा पाते हैं क्योंकि हम उसका मकसद जानते हैं।
- "मुझे प्रेम चाहिए, इसलिए मैं यह रिश्ता निभा रहा हूँ।" इसे स्वीकार करने पर यह एक पवित्र ज़रूरत बन जाती है, महज़ स्वार्थ नहीं। फिर हम सही दिशा में बढ़ सकते हैं।
- "मुझे नियंत्रण चाहिए, इसलिए मैं ज़िम्मेदारी लेने से डर रहा हूँ।" इसे पहचानने पर हम अपने डर से ऊपर उठकर उसे सकारात्मक ज़िम्मेदारी में बदल सकते हैं।

जब हम अपने स्वार्थ को पहचान लेते हैं, तो हम अपने फैसलों के मालिक बन जाते हैं। वह कोई बाहरी ताकत नहीं रह जाता जो हमें भटकाए, बल्कि एक आंतरिक ऊर्जा बन जाता है जिसे हम सही दिशा दे सकते हैं।

स्वार्थ को स्वीकार करना ही जागरूकता की शुरुआत है

हर फैसले के पीछे एक गहरी इच्छा होती है: "मैं चाहता हूँ।" यही चाहत ज़िंदगी की रफ्तार तय करती है। जब तक यह चाहत अवचेतन मन में छिपी है, यह हमें कंट्रोल करती है। लेकिन जैसे ही हम इसे पहचान लेते हैं, हम इसे अपनी पसंद और मकसद के अनुसार मोड़ सकते हैं।

स्वार्थ अपने आप में कोई पाप नहीं है, बशर्ते हम उसे पहचानें और संतुलन में रखें। जागरूकता के साथ समझा गया स्वार्थ हमारे फैसलों को मज़बूत और उद्देश्यपूर्ण बनाता है। तब हम स्वार्थ को बाहरी दबाव नहीं, बल्कि एक आंतरिक शक्ति के रूप में देखते हैं जो हमें सही दिशा में ले जा सकती है।

यही समझ हमें ऊँचे स्तर पर ले जाती है, जहाँ हम केवल बाहरी कारणों से नहीं बल्कि एक गहरी आंतरिक बुद्धिमत्ता के साथ फैसले लेते हैं। अपनी चाहतों को समझना और उन्हें सही दिशा देना ही हमारे जीवन को सशक्त और संतुलित बनाता है।

भाग 2: स्वार्थ के तीन सूक्ष्म रूप: पहचान, रिश्ते और नियंत्रण

स्वार्थ केवल भौतिक लाभ या पैसों तक सीमित नहीं है; यह हमारे मन और भावनाओं के साथ गहराई से बुना हुआ है। यह हमारी 'पहचान' बनाने की इच्छा, रिश्तों में भावनात्मक सहारा खोजने की चाहत, और दूसरों या स्थितियों पर 'नियंत्रण' पाने की कोशिश से पैदा होता है।

स्वार्थ का एक गहरा रूप हमारी 'पहचान' (Identity) से जुड़ा है। यह केवल इस बारे में नहीं है कि हमारे पास क्या है, बल्कि इस बारे में है कि हम खुद को कैसा देखते हैं और समाज में अपनी क्या जगह बनाना चाहते हैं। पहचान वाला स्वार्थ हमसे चाहता है कि दूसरे हमें पहचानें, हमारा सम्मान करें और हमें वैसा ही स्वीकार करें जैसा हम महसूस करते हैं।

प्रशंसा और मान्यता की चाहत भी स्वार्थ हो सकती है

स्वार्थ हमेशा धन या ओहदे से नहीं जुड़ा होता; यह हमारी भावनात्मक ज़रूरतों और आंतरिक असुरक्षाओं से भी जुड़ा होता है। एक युवा जो बार-बार प्रतियोगिताओं में भाग लेता है, वह केवल पुरस्कारों के लिए ऐसा नहीं कर रहा। उसका असली मकसद दूसरों की नज़रों में खुद को काबिल साबित करना है। वह चाहता है कि लोग उसकी तारीफ करें और उसे एक सम्मानित स्थान दें।

इस चाहत के पीछे एक सूक्ष्म स्वार्थ छिपा है: वह समाज में अपनी पहचान बनाना चाहता है। उसे लगता है कि जब तक वह कुछ बड़ा साबित नहीं करेगा, लोग उसे गंभीरता से नहीं लेंगे। यह विचार उसे लगातार प्रेरित करता है। इसका मतलब यह नहीं कि वह लालची है; बल्कि उसके भीतर अपनी अहमियत महसूस करने की एक गहरी इच्छा है। यहाँ कोशिश तो सच्ची है, लेकिन प्रेरणा 'आत्म-स्वीकृति' के बजाय 'सामाजिक स्वीकृति' पर टिकी है।

जब हम दूसरों के लिए खुद को बदल लेते हैं

जब हम अपनी पहचान से जुड़ी किसी चीज़ को छिपाते हैं, तो हमारे भीतर एक खालीपन पैदा होने लगता है। अगर कोई दूसरों को खुश करने के लिए अपना स्वभाव बदल लेता है, तो वह धीरे-धीरे अपनी अंतरात्मा की आवाज़ सुनना बंद कर देता है। यह खालीपन उसे असुरक्षित बना देता है और वह अपने फैसले दूसरों की राय पर

छोड़ देता है। लेकिन जब हम अपनी पहचान से जुड़ी इस गहरी ज़रूरत को समझ लेते हैं, तो हमारे फैसले ज़्यादा स्वतंत्र और मज़बूत हो जाते हैं।

स्वार्थ का एक रूप तब सामने आता है जब हम अपनी भावनात्मक कीमत दूसरों के लगाव और प्रशंसा से जोड़ देते हैं। जैसे, एक महिला अगर हमेशा दूसरों की पसंद के हिसाब से खुद को ढालती है, तो वह केवल उन्हें खुश नहीं कर रही, बल्कि असल में वह चाहती है कि लोग उसे प्यार करें और अपनाएं। यह एक तरह का स्वार्थ है क्योंकि वह अपनी 'सेल्फ-वर्थ' दूसरों की प्रतिक्रिया में खोज रही है।

जब स्वार्थ रिश्तों को कमज़ोर करता है

जब कोई अपनी खुशी और मानसिक शांति के लिए दूसरों की स्वीकृति पर निर्भर हो जाता है, तो उसका आत्मविश्वास डगमगाने लगता है। वह यह मानने लगता है कि जब तक लोग उसे पसंद नहीं करेंगे, वह खुद को स्वीकार नहीं कर पाएगा। यह स्थिति अंदर ही अंदर तनाव और उलझन पैदा करती है। वह स्वतंत्र रूप से जीवन के फैसले नहीं ले पाता, जिससे उसकी आत्मनिर्भरता कमज़ोर हो जाती है। इसलिए, इस स्वार्थ को पहचानना ज़रूरी है ताकि हम भीतर से मज़बूत फैसले ले सकें।

नियंत्रण की आदत भी स्वार्थ हो सकती है

स्वार्थ का एक और रूप है, हर चीज़ को अपने 'कंट्रोल' में रखने की इच्छा। यह स्वार्थ तब पैदा होता है जब इंसान के भीतर कोई अनकहा डर या असुरक्षा होती है। उसे लगता है कि अगर वह हर स्थिति को अपनी मर्ज़ी के मुताबिक चलाएगा, तो सब ठीक रहेगा और वह किसी भी नुकसान से बच जाएगा। वह सुरक्षा को नियंत्रण समझ बैठता है।

जब नियंत्रण थकान बन जाता है

एक मैनेजर जो अपने कर्मचारियों को आज़ादी से काम नहीं करने देता, वह असल में इस डर से भरा होता है कि अगर उसने पकड़ ढीली की, तो सब बिखर जाएगा। उसे लगता है कि उसका नियंत्रण संस्था को बचा रहा है, पर असल में वह टीम का भरोसा तोड़ रहा होता है और अपनी मानसिक थकान बढ़ा रहा होता है। यह आदत उसे तनाव में रखती है। जब हम यह मान लेते हैं कि कुछ चीजें हमारे वश में नहीं हैं, तभी सच्ची आंतरिक शक्ति की शुरुआत होती है। अपनी असुरक्षा को स्वीकार करना ही मानसिक आज़ादी का पहला कदम है।

सहज निर्णय कैसे जन्म लेते हैं ?

अब बात करते हैं 'अंतर्ज्ञान' या सहजता (Intuition) की। यह वह अवस्था है जहाँ व्यक्ति न तो किसी बाहरी दबाव में होता है और न ही किसी आंतरिक उलझन में। यहाँ फैसले बिना किसी भारी सोच-विचार के, बड़ी सहजता से निकल कर आते हैं। ये निर्णय तर्क या गणित पर नहीं, बल्कि हमारे अनुभवों, संवेदनशीलता और आंतरिक समझ पर टिके होते हैं।

जैसे, एक डॉक्टर मरीज के चेहरे पर हल्की सी शिकन देखकर समझ जाता है कि कुछ गड़बड़ है, भले ही उसने अभी कोई टेस्ट न किया हो। यह फैसला उसके बरसों के अनुभव और लोगों को समझने की गहरी क्षमता से आता है। या फिर एक बस ड्राइवर का किसी बुजुर्ग को दूर से आता देख नियमों से हटकर बस को थोड़ी देर और रोक लेना,

यह छोटा सा फैसला बताता है कि कभी-कभी मानवता नियमों से ऊपर होती है। ये 'सहज फैसले' हमारी संवेदनशीलता और जुड़ाव को दर्शाते हैं।

हर अंतरात्मा की आवाज़ सही नहीं होती

अक्सर हमें लगता है कि हमारे भीतर से आने वाली हर आवाज़ हमारी आत्मा की आवाज़ है। लेकिन यह हमेशा सच नहीं होता। हमारे भीतर कई आवाज़ें होती हैं, कुछ डर से निकलती हैं, कुछ चिंता से, तो कुछ पुराने कड़वे अनुभवों से।

एक माँ जो अपने बच्चे को हर छोटी बात पर टोकती है, उसे लगता है कि वह बच्चे की सुरक्षा कर रही है। लेकिन अगर वह गहराई से सोचे, तो वह महसूस करेगी कि यह टोकना उसके अपने डर से जुड़ा है। उसका फैसला सुरक्षा के लिए तो दिखता है, पर असल में वह डर से लिया गया फैसला है। इसलिए, अपनी आंतरिक आवाज़ों के बीच फर्क करना सीखना होगा। डर या बेचैनी में महसूस होने वाली हर बात सच नहीं होती।

फैसला लेने से पहले खुद से पूछें:

- क्या मैं इस वक्त पूरी तरह शांत हूँ?
- क्या यह फैसला किसी बाहरी दबाव में लिया जा रहा है?
- क्या यह सचमुच मेरी आत्मा की आवाज़ है या मेरे डर और असुरक्षा की?

स्वार्थ और अंतर्ज्ञान में संतुलन ज़रूरी है

स्वार्थ और अंतर्ज्ञान हमेशा एक-दूसरे के दुश्मन नहीं होते। जब इन दोनों में तालमेल बैठता है, तो फैसला जल्दबाज़ी में नहीं, बल्कि बुद्धिमानी से लिया जाता है। हमारी ज़रूरतें (जैसे प्यार या सम्मान की चाहत) सच्ची हो सकती हैं। जब हम इन ज़रूरतों को बिना दबाए, पूरी समझ के साथ देखते हैं, तब हम एक ऐसा फैसला ले पाते हैं जो सच्चाई और स्पष्टता से भरा हो।

निर्णय और आत्म-स्वीकृतिः एक गहरी प्रक्रिया

निर्णय लेना केवल भविष्य की दिशा तय करना नहीं है, बल्कि खुद से यह पूछना है, "मैं जो कर रहा हूँ, वह क्यों कर रहा हूँ?" जब हम अपने फैसलों के पीछे छिपे स्वार्थ को पहचान लेते हैं और ईमानदारी से कहते हैं, "हाँ, मुझे प्यार की ज़रूरत है" या "मुझे आज़ादी चाहिए," तो यह 'आत्म-स्वीकृति' (Self-acceptance) का पहला कदम होता है। और जब हम कहते हैं, "मेरा यह फैसला मेरी गहराई से आ रहा है," तो यह 'आत्म-सम्मान' (Self-respect) की ओर एक बड़ा कदम है।

निर्णय लेना अपनी आंतरिक ईमानदारी से मिलने जैसा है

निर्णय लेना असल में अपनी आंतरिक सच्चाई से सामना करने जैसा है। यह केवल भविष्य तय नहीं करता, बल्कि हमारे 'वर्तमान' को भी पूर्ण बनाता है। उस पल में हम अपनी अंतरात्मा की सुनते हैं और समझते हैं कि हमें सचमुच क्या चाहिए। जब हम स्वार्थ को पहचानते हैं और अंतर्ज्ञान को स्वीकार करते हैं, तो हमारे फैसले सच्चे, मज़बूत और स्वतंत्र हो जाते हैं। यह एक ऐसी प्रक्रिया है जहाँ हम अपने भीतर के 'स्वार्थ' को पहचानते हैं, उसे संतुलित करते हैं और फिर एक ऐसा चुनाव करते हैं जो हमें शांति और संतोष दे।

भाग 3: निर्णय लेने में स्वार्थ, अंतर्ज्ञान और मौन की भूमिका

स्वार्थ, अंतर्ज्ञान और मौन, ये तीनों निर्णय लेने की प्रक्रिया में एक-दूसरे से गहरे जुड़े हुए हैं। 'स्वार्थ' हमारी आंतरिक ज़रूरतों और इच्छाओं से निकलता है। लेकिन कभी-कभी यही स्वार्थ हमें उलझा भी देता है। हमें लगता है कि हम बड़ा सोच-समझकर फैसला ले रहे हैं, जबकि असल में हम अपने डर या असुरक्षा के हाथों मजबूर होते हैं। यहीं 'मौन' हमारी मदद करता है। जब हम शांत होते हैं, तभी हम

अपनी सच्ची आंतरिक भावनाओं को पहचान पाते हैं। मौन हमें यह समझने में मदद करता है कि हमारी कौन सी इच्छा सच्ची है और कौन सी केवल डर या आदत से पैदा हुई है।

मौन का यह पहलू बहुत ज़रूरी है क्योंकि यह हमें दूसरों के विचारों, समाज के दबाव और अपनी खुद की उलझनों से दूर ले जाता है। जब हम खामोशी से अपने डर, चिंता और बेचैनी को स्वीकार करते हैं, तभी हम अपने फैसलों को सही दिशा दे पाते हैं। मौन हमें बाहरी दुनिया के बजाय अपनी 'सच्चाई' पर ध्यान देने का मौका देता है।

जब हम निर्णय लेते समय मौन और अंतर्ज्ञान (Intuition) को एक साथ लाते हैं, तो हम अपनी आत्मा की आवाज़ से जुड़ जाते हैं। ऐसे फैसले केवल दिमाग में चल रहे विचारों पर नहीं, बल्कि हमारे विवेक और आंतरिक संतुलन पर टिके होते हैं। इस गहराई से लिए गए फैसले हमें जीवन के महत्वपूर्ण पड़ावों पर ज़्यादा जागरूकता, संतुलन और बुद्धिमानी की ओर ले जाते हैं।

मौन और निर्णय की प्रक्रिया: गहराई और आत्म-स्वीकृति

जब हम कोई फैसला लेते हैं, तो हमारी मानसिक स्थिति और भावनाएँ उस पर गहरा असर डालती हैं। यह स्वाभाविक भी है, क्योंकि जैसा हम महसूस करते हैं, वैसा ही सोचते और तय करते हैं। लेकिन अक्सर सबसे सटीक और सच्चे फैसले तब निकलकर आते हैं, जब हम मन के शोर-शराबे से हटकर कुछ पल के लिए 'मौन' हो जाते हैं।

मौन का वह क्षण मानसिक शांति पैदा करता है, जिसमें हमें अपनी आंतरिक आवाज़ साफ़ सुनाई देती है। इस खामोशी में न केवल हमारा अंतर्ज्ञान खुलकर सामने आता है, बल्कि वे इच्छाएँ, स्वार्थ और डर भी साफ़ हो जाते हैं जिन्हें हम शब्दों में नहीं कह पाते।

जब हम चुपचाप खुद को सुनते हैं, तब समझ आता है कि मन के भीतर चल क्या रहा है।

मिसाल के तौर पर, एक छात्र को यह तय करना है कि वह विज्ञान (Science) पढ़े या कला (Arts)। यह फैसला केवल विषय का नहीं, बल्कि उसके भविष्य, उसकी रुचि और परिवार की उम्मीदों से जुड़ा है। अगर वह छात्र मौन में खुद से जुड़े, तो वह समझ पाएगा: क्या वह विज्ञान इसलिए चुन रहा है क्योंकि समाज में इसकी इज़्ज़त ज़्यादा है? या वह कला इसलिए छोड़ रहा है क्योंकि परिवार इसे कमतर समझता है? या फिर क्या उसे कला में सचमुच वैसी रुचि है जहाँ वह खुद को खुलकर व्यक्त कर सके? इस उदाहरण में, 'निर्णय' उस आंतरिक मौन से जुड़ता है जहाँ दिशा तय करने से पहले सच्ची समझ पैदा होती है।

यह मौन उसे अपने असली मकसद को पहचानने का मौका देता है। जब वह अपने डर और असुरक्षा को स्वीकार कर लेता है, तो वह ज़्यादा ईमानदारी के साथ फैसला ले पाता है।

खामोशी में स्वार्थ को पहचानना आसान हो जाता है

स्वार्थ और अंतर्ज्ञान के बीच संतुलन बनाना एक बड़ी चुनौती है। यह तब और मुश्किल हो जाता है जब हमारा स्वार्थ हमारे अंतर्ज्ञान को प्रभावित करने लगे। स्वार्थ वह प्रवृत्ति है जो हमें बाहरी इच्छाओं और लक्ष्यों की ओर खींचती है। कभी यह सच्ची ज़रूरत से पैदा होता है, तो कभी डर और खुद को बचाने की चाहत से। जब हम कुछ देर शांत बैठते हैं, तो हमें इस स्वार्थ को समझने का अवसर मिलता है।

मौन हमें अपने भीतर झांकने की अनुमति देता है। जब हम शांत होते हैं, तो हम उन छिपी हुई इच्छाओं को पहचान पाते हैं जो हमारे फैसलों और कामों को अंदर ही अंदर चला रही हैं। हम अपनी मानसिक और भावनात्मक प्रतिक्रियाओं को समझने लगते हैं। हम देख पाते हैं कि हमारे फैसलों के पीछे की असली प्रेरणा क्या है।

अकेले में विचार करने से डर और ज़रूरत का फर्क समझ आता है

मान लीजिए, हम किसी रिश्ते को बचाने की बहुत कोशिश कर रहे हैं। यह कोशिश हमेशा सच्चे प्यार से ही नहीं होती। कभी-कभी हम अकेलेपन के डर या असुरक्षा की वजह से ऐसा करते हैं। ऐसे स्वार्थ को समझने के लिए मौन ज़रूरी है। जब हम खामोशी में खुद से सवाल करते हैं, तब अहसास होता है कि शायद हम रिश्ता इसलिए नहीं निभा रहे कि हम जुड़ाव महसूस करते हैं, बल्कि इसलिए क्योंकि हम अकेले होने से डरते हैं। मौन के इस समय में हम अपने डर को पहचान पाते हैं और समझ पाते हैं कि यह हमारी 'ज़रूरत' है या महज़ 'डर' का एक रिएक्शन।

इस तरह मौन एक ऐसा अनुभव बन जाता है जो हमें खुद को जानने में मदद करता है। यह हमें बताता है कि हमारा फैसला प्यार और आज़ादी से जुड़ा है, या डर और असुरक्षा से।

सबसे बेहतरीन फैसले अक्सर मौन में लिए जाते हैं

कभी-कभी सबसे सटीक और मज़बूत फैसले खामोशी से निकलते हैं। जब हम बाहरी शोर और मन की भाग-दौड़ से दूर होते हैं, तब हम अपनी आंतरिक शांति से जुड़ते हैं। यह वह समय है जब हम अपने मन की भावनाओं को साफ़-साफ़ पढ़ सकते हैं।

मौन में हम जो आवाज़ सुनते हैं, वह बाहरी दुनिया की नहीं, बल्कि हमारे विवेक (Conscience) की होती है। यह आवाज़ ज़्यादा सच्ची होती है क्योंकि इस पर किसी बाहरी दबाव या राय का असर नहीं होता। देखा जाए तो मौन केवल एक मानसिक अवस्था नहीं है; यह खुद पर भरोसा करने और अपनी आंतरिक शक्ति को पहचानने का एक तरीका है। मौन में लिया गया निर्णय ज़्यादा सच्चा, संतुलित और आत्मविश्वास से भरा होता है।

सच्ची दिशा मौन से ही मिलती है

निर्णय लेने में मौन का स्थान बहुत महत्वपूर्ण है, क्योंकि यही वह क्षण है जब हम अपनी गहराई से जुड़ते हैं। आमतौर पर हम बाहरी दबाव, दौड़ते हुए विचारों या तर्क के आधार पर फैसले लेते हैं, लेकिन मौन में हमें अपनी सच्ची इच्छाओं को समझने का मौका मिलता है। यह हमारे डरों, छिपे हुए स्वार्थों और अनकहे विचारों को साफ़ करने में मदद करता है।

मौन के दौरान, हम कुछ समय के लिए दुनिया से अलग होकर अपनी अंतरात्मा को सुनते हैं। यह आवाज़ हमें सच्चाई की ओर ले जाती है और जल्दबाज़ी या उलझनों से बचाती है। शांत मन से लिया गया फैसला केवल वक्त की ज़रूरत नहीं होता, बल्कि वह हमारे दिल की गहराई से निकलता है।

इसलिए, अगर हम मौन को अनदेखा करते हैं, तो हम अपने फैसलों को अधूरा छोड़ देते हैं। यही वह समय है जब हम अपनी सबसे शक्तिशाली आंतरिक आवाज़ सुन सकते हैं, जो हमारी दिशा तय करती है। अगर हम इस मौन की ताकत को समझें और इसे अपने फैसलों का हिस्सा बनाएं, तो हम न केवल साफ़ सोच के साथ, बल्कि सच्चाई और संतुलन के साथ जीवन जी सकते हैं।

अध्याय

8

जब स्पष्टता आती है—शोर से समझ तक का सफर

निर्णय लेने की प्रक्रिया अक्सर एक भूलभुलैया जैसी लगती है। कभी हम भावनाओं के भंवर में फँस जाते हैं, तो कभी विचारों की उलझन और बाहरी शोर हमें थका देता है। हमें जवाब चाहिए होते हैं, पर मिलती है और ज़्यादा अनिश्चितता। लेकिन, इसी तूफान के बीच अचानक एक बदलाव आता है। ऐसा लगता है मानो भीतर का आसमान साफ़ हो गया हो। जो पहले उलझा हुआ था, अब वह समझ में आने लगता है। यह केवल तर्क का चमत्कार नहीं है, बल्कि एक 'आंतरिक पहचान' है, एक ऐसी गहरी स्पष्टता जो शोर को चीरकर हमें सुकून देती है।

इस स्पष्टता के पीछे एक बढ़ती हुई संवेदनशीलता होती है, जो हमें खुद से जोड़ती है। हम बाहर से सलाह या मंजूरी माँगना बंद कर देते हैं और अपनी नज़रें अंदर की ओर घुमाते हैं। हम तर्क-वितर्क करने के बजाय महसूस करने लगते हैं कि क्या सही है। यह अवस्था किसी नियम या किताबी ज्ञान से नहीं आती; यह तब पैदा होती है जब हम बिना किसी दिखावे के खुद को सुनने के लिए तैयार होते हैं।

ऐसे पलों में हम पुरानी आदतों से नहीं, बल्कि एक गहरी जागरूकता से चलते हैं। यह स्पष्टता हमें अपनी पसंद के पीछे छिपे असली मकसद को पढ़ने में मदद करती है। वह सच जो पहले शोर में दब गया था, अब बिल्कुल साफ़ दिखने लगता है।

जैसे कोई कलाकार सालों की साधना के बाद अपनी प्रस्तुति तैयार करता है। मुमकिन है कि उसके कुछ कामों को लोगों ने खूब सराहा हो, पर कुछ काम ऐसे हों जो गुमनाम रहकर भी उसकी रूह के करीब हों। अगर वह अपनी आंतरिक आवाज़ से जुड़ा है, तो उसे यह चुनने के लिए तालियों की ज़रूरत नहीं होगी कि उसे क्या पेश करना है। उसका फैसला उसकी अपनी आस्था (Conviction) से आता है, लोकप्रियता से नहीं। ऐसी स्पष्टता एक अलग तरह का संतोष देती है: इसे प्रशंसा की दरकार नहीं होती, क्योंकि यह खुद से एक ईमानदार जुड़ाव से पैदा हुई है।

स्पष्टता: आंतरिक स्थिरता और खुद पर भरोसा

जब हम इस स्पष्टता के साथ जीना शुरू करते हैं, तो निर्णय लेने के साथ हमारा रिश्ता ही बदल जाता है। अब हम हर कदम इस डर से नहीं उठाते कि 'लोग क्या कहेंगे'। इसके बजाय, एक शांत भरोसा हमारे साथ होता है कि जो रास्ता हमने चुना है, वह हमारे लिए सही है। यह 'आत्म-विश्वास' (Self-trust) कोई पूर्णता नहीं माँगता; यह बस खुद को सुनने और दुनिया के शोर के ऊपर अपनी आवाज़ को अहमियत देने से आता है।

यह आंतरिक संतुलन उस भावनात्मक उथल-पुथल को शांत कर देता है जो अक्सर हमारी सोच पर पर्दा डाल देती है। शक अब हमें कमज़ोर नहीं करता। अनिश्चितता बनी रहती है, पर वह हमें काबू में नहीं रख पाती। "अगर ऐसा हो गया तो?" जैसे डर अब हम पर हावी नहीं होते। स्पष्टता से लिए गए फैसले में अपनी एक ताकत होती है। दूसरों से तुलना करने या खुद को साबित करने का दबाव कम हो जाता है। हमारे चुनाव अब इस बात का आईना होते हैं कि हमारे अंदर सच क्या है।

सबसे बढ़कर, स्पष्टता हमारे इरादों को मज़बूत करती है। विकल्पों के बीच झूलना बंद हो जाता है। हमें शायद यह न पता हो कि अंजाम क्या होगा, पर हमें यह ज़रूर पता होता है कि हम यह चुनाव 'क्यों' कर रहे हैं। यह अंतर बहुत बड़ा सुकून लेकर आता है।

बिना किसी ग्लानि के खुद को चुनना

सच्ची स्पष्टता का एक बड़ा नतीजा यह है कि हम बिना किसी अपराधबोध (Guilt) के अपनी ज़रूरतों का सम्मान करने लगते हैं। अक्सर हम 'आत्म-सम्मान' और 'स्वार्थ' के बीच उलझ जाते हैं, जैसे खुद का ख्याल रखना दूसरों को नज़रअंदाज़ करना हो। पर स्पष्टता सिखाती है कि खुद का ख्याल रखना सबसे बुनियादी ज़रूरत है। जब आप समझते हैं कि आपके भीतर की शांति के लिए क्या ज़रूरी है, तब आप दुनिया के साथ बेहतर ढंग से जुड़ पाते हैं। आप दीवारें नहीं खड़े कर रहे, बल्कि एक मज़बूत ज़मीन तैयार कर रहे हैं।

कल्पना कीजिए, आपके पास दो मौके हैं: एक में बहुत पैसा और रुतबा है पर बहुत थकान है; दूसरा साधारण है पर वहाँ सुकून है। दुनिया पहले मौके की वकालत करेगी, पर स्पष्टता आपसे पूछेगी: "इस वक्त तुम्हारी आत्मा को किस चीज़ की सबसे ज़्यादा ज़रूरत है?" शांत रास्ता चुनना शायद तालियाँ न बटोर पाए, पर वह आपके

जीवन में खुशी, सेहत और जुड़ाव के लिए जगह बनाता है। यह फैसला 'छोटा' होने के बारे में नहीं है; यह 'पूरा' होने के बारे में है।

जब आप इस समझ पर अमल करना शुरू करते हैं, तो एक बदलाव आता है। आप कौन हैं, इसके लिए आप माफ़ी माँगना बंद कर देते हैं। स्पष्टता वह आत्मविश्वास देती है कि आप अपनी शर्तों पर जी सकें, इसलिए नहीं कि आप दुनिया से अलग होना चाहते हैं, बल्कि इसलिए कि आप अपनी हकीकत के प्रति वफादार होना चाहते हैं।

भीतर से मिली ताकत: बाहरी नियंत्रण से आज़ादी

जब हम दूसरों की नज़रों में खुद को खोजना बंद कर देते हैं, तो हम अपने फैसलों पर अपना अधिकार फिर से पा लेते हैं। यह रातों-रात नहीं होता। दूसरों की मंजूरी और तुलना के धागों से खुद को छुड़ाने में वक्त लगता है। पर इनाम बहुत बड़ा है, एक ऐसी आज़ादी जो विद्रोह से नहीं, बल्कि समझ से पैदा हुई है।

यह जुड़ाव आपको लचीला बनाता है। दुनिया की प्रतिक्रियाएँ, चाहे अच्छी हों या बुरी, अब आपकी दिशा तय नहीं करतीं। आपकी ताकत अब 'प्रतिक्रिया' (Reaction) पर नहीं, बल्कि 'दृष्टि' (Vision) पर आधारित है। आप इसलिए आगे नहीं बढ़ते कि रास्ता साफ़ है, बल्कि इसलिए बढ़ते हैं क्योंकि आपका मकसद साफ़ है। इसमें एक बड़ी सादगी है। आप किसी को प्रभावित करने या किसी भीड़ का हिस्सा बनने के लिए काम नहीं करते, बल्कि इसलिए करते हैं क्योंकि वह आपको 'सही' लगता है।

स्पष्टता को मज़बूत करने के तरीके: व्यावहारिक दृष्टिकोण

स्पष्टता इत्तेफाक से नहीं आती। यह एक अभ्यास है जिसे हर दिन निखारा जा सकता है। यहाँ कुछ तरीके दिए गए हैं:

1. **ईमानदार आत्म-मंथन के लिए जगह बनाएं:** हर दिन खुद से सच्चे सवाल पूछें। सिर्फ यह नहीं कि "आज मैंने क्या किया?",

बल्कि यह कि "आज किस बात ने मुझे गहराई से प्रभावित किया?" या "क्या कोई ऐसी चीज़ थी जिससे मैं बच रहा था?"।

2. **खामोशी को अपनाएं:** शोर जो छिपा देता है, वह सन्नाटे में सुनाई देता है। बिना किसी गैजेट या काम के कुछ देर बैठें। विचारों को आने-जाने दें। यह जागरूकता आपको शोर और मार्गदर्शन के बीच का फर्क बताएगी।
3. **अपनी आंतरिक ज़रूरतों को नाम दें:** अक्सर हम अपनी गहरी ज़रूरतों को नज़रअंदाज़ कर देते हैं। पर स्पष्टता सच से आती है। चाहे वह प्यार की चाहत हो, अकेलेपन की ज़रूरत हो या सुरक्षा की, उसे स्वीकार करें। जब ज़रूरतें देख ली जाती हैं, तो वे ज़िद नहीं करतीं, बल्कि रास्ता दिखाती हैं।
4. **डर की जड़ों को देखें:** जब हम नतीजों से डरते हैं, तो हम स्पष्टता से भी बचते हैं। पूछें: इस उलझन के पीछे कौन सा डर है? एक बार डर को पहचान लिया जाए, तो वह आपके फैसलों को कंट्रोल नहीं कर पाता।
5. **बिना शर्म के अपनी सीमाएं तय करें:** 'हाँ' तभी कहें जब वह आपकी हकीकत से मेल खाए। 'ना' बिना किसी अपराधबोध के कहें। स्पष्ट सीमाएं आपकी आंतरिक स्पष्टता को मज़बूत करती हैं।
6. **छोटी-छोटी चीज़ों में चुनाव का अभ्यास करें:** स्पष्टता बार-बार के अभ्यास से बढ़ती है। नाश्ते में क्या चाहिए से लेकर अगले एक घंटे का इस्तेमाल कैसे करना है, इन छोटे फैसलों से अपनी जागरूकता की मांसपेशियों को मज़बूत करें।

स्पष्टता के साथ जीना

स्पष्टता केवल एक मानसिक अवस्था नहीं है; यह जीवन जीने का एक तरीका है। यह हर चुनाव को आसान नहीं बनाती, पर उसे 'ईमानदार' ज़रूर बना देती है। यह एक आदर्श जीवन का वादा नहीं

करती, पर आपको एक ऐसा जीवन देती है जो 'आपका अपना' होता है। यह आपको इस भ्रम से आज़ाद करती है कि दिशा हमेशा दूसरों से मिलनी चाहिए।

स्पष्टता के साथ जीने का मतलब है, गहराई के साथ जीना। यह प्रशंसा के ऊपर मौजूदगी को, दिखावे के ऊपर सच को, और रफ्तार के ऊपर अर्थ को चुनने का नाम है। यह कोई ऐसी चीज़ नहीं है जिसे एक बार पा लिया जाए, बल्कि यह एक 'कम्पास' की तरह है जिस पर आपको बार-बार लौटना पड़ता है ताकि आप अपने सच्चे स्वरूप को पा सकें।

अध्याय

9

अभिव्यक्ति और समाज

अभिव्यक्ति केवल मन की बात कहने का तरीका नहीं है; यह वह माध्यम है जिसके ज़रिए हम समाज से जुड़ते हैं, रिश्ते बनाते हैं और एक इंसान के रूप में विकसित होते हैं। जब हम संवाद करते हैं, तो वह महज़ शब्दों का लेन-देन नहीं होता, वह जुड़ाव का एक ज़रिया बन जाता है। यही जुड़ाव हमें सामाजिक ताने-बाने में पिरोता है और हमारी पहचान गढ़ने में मदद करता है।

किसी भी समुदाय में अभिव्यक्ति की कीमत इस बात में है कि वह लोगों के बीच की दूरी को कम कर सकती है। जहाँ स्पष्ट बात न हो, वहाँ अक्सर दीवारें खड़ी हो जाती हैं, लेकिन जहाँ ईमानदारी और ठहराव के साथ अपनी बात रखी जाए, वहाँ स्पष्टता आती है। जब हम शांति और सच्चाई के साथ अपनी बात कहते हैं, तो हमारे शब्दों में

वह अर्थ होता है जो समझ को बढ़ाता है, सहयोग का रास्ता खोलता है और बेहतर निर्णय लेने में मदद करता है।

हर क्षेत्र में अभिव्यक्ति की मौजूदगी

भले ही इसका स्वरूप बदल जाए, पर अभिव्यक्ति का प्रभाव हर जगह गहरा होता है:

- **परिवार में:** भावनाओं को खुलकर व्यक्त करने से घर में गर्मजोशी और अपनापन बढ़ता है। जब बच्चे बेझिझक अपने अनुभव साझा करते हैं, तो उनमें सुरक्षा और प्रेम की एक मज़बूत भावना विकसित होती है।
- **कार्यस्थल पर:** विचारों को साफ़-साफ़ साझा करने से तालमेल बेहतर होता है, नई सोच को जगह मिलती है और गलतफहमियाँ कम होती हैं। इससे काम करने की जगह ज़्यादा सुखद और प्रभावशाली बनती है।
- **समाज में:** अपनी बात कहने और चिंताओं को सामने रखने का अधिकार ही सुधार, सहयोग और न्याय की शक्तियों को जगाता है। यह एक जागरूक और प्रगतिशील समाज की पहचान है।

अभिव्यक्ति केवल भाषा तक सीमित नहीं है। हमारा शरीर, हमारे चेहरे के हाव-भाव और यहाँ तक कि हमारी 'खामोशी' में भी संदेश देने की अद्भुत शक्ति होती है। इंसान का बर्ताव अक्सर वह कहानी कह देता है जो शब्द नहीं कह पाते। केवल बोले गए शब्दों को सुनना अधूरा है; सच्चा संवाद वह है जिसमें भावनाओं को महसूस किया जाए और मौजूदगी को समझा जाए।

जब अभिव्यक्ति को दबाया जाता है

जब लोग अपनी सच्चाई साझा करने में हिचकिचाने लगते हैं या उन्हें लगता है कि उनकी आवाज़ की कोई कीमत नहीं है, तो अंदर ही अंदर घबराहट और हताशा पनपने लगती है। समय के साथ यह

खामोशी अलगाव या गुस्से में बदल जाती है। जहाँ खुलकर बात करने की जगह नहीं होती, वहाँ सामाजिक रिश्ते टूटने लगते हैं और इंसान अकेला पड़ जाता है।

इसलिए, समाज को ऐसे खुलेपन को बढ़ावा देना चाहिए जहाँ हर व्यक्ति सुरक्षित और सम्मानित महसूस करे। जब लोगों को भरोसा होता है कि उनकी बात सुनी जाएगी, तो विश्वास बढ़ता है और आपसी सहयोग मज़बूत होता है। अभिव्यक्ति केवल अपना मन दिखाना नहीं है, बल्कि यह गहरे और सार्थक रिश्ते बनाने की नींव है।

घर के अनकहे संकेत: समझ की जड़ें

परिवार भावनात्मक संवाद की पहली जगह है। बचपन से ही माँ की ममता भरी नज़र और पिता की स्थिर मौजूदगी हमारे जुड़ने के तरीके को तय करती है। परिवार में बातचीत की गुणवत्ता ही तय करती है कि रिश्ते कितने आत्मा होंगे। जब घर के सदस्य धैर्य से सुनते हैं और बिना दोष लगाए जवाब देते हैं, तो भावनात्मक नज़दीकी बढ़ती है। इसके विपरीत, जहाँ सिर्फ आदेश दिए जाएं या बातों को अनसुना कर दिया जाए, वहाँ दूरियाँ आने लगती हैं।

खामोशी को अगर अनसुना छोड़ दिया जाए, तो वह पीड़ा बन सकती है। संघर्ष कर रहा इंसान शायद कम बोले, पर उसके हाव-भाव बहुत कुछ कह जाते हैं। अगर घर के लोग इन संकेतों को समझें और नरमी से जवाब दें, तो एक गहरा रिश्ता बनता है। जैसे, यदि जीवनसाथी तनाव में है, तो उसका लहज़ा बदल सकता है। इसे अनदेखा करने के बजाय, बस हाथ थाम लेना या प्यार से हाल पूछ लेना ही उस तनाव को कम कर देता है। मौन के नीचे छिपी बातों को महसूस करना ही भावनात्मक सुरक्षा देता है।

संस्थाएँ और नेतृत्व कैसे सामाजिक विश्वास गढ़ते हैं

व्यक्तियों के अलावा, संस्थाओं और सार्वजनिक हस्तियों की समाज को दिशा देने में बड़ी भूमिका होती है। जब उनके संदेशों में

ईमानदारी और दूरदर्शिता होती है, तो जनता का भरोसा मज़बूत होता है।

संस्थाएँ जनमत को आकार देती हैं। जब वे अपने मूल्यों और दिशा को स्पष्ट रूप से साझा करती हैं, तो नागरिक खुद को जुड़ा हुआ महसूस करते हैं। नेतृत्व के शब्द अक्सर भारी भावनात्मक और नागरिक वजन रखते हैं। जब ज़िम्मेदारी और सहानुभूति के साथ बात कही जाती है, तो वह लोगों को एकजुट करती है। अनिश्चितता के समय में यदि कोई नेता सच्चाई और आत्मीयता के साथ जनता को संबोधित करता है, तो समाज में स्थिरता आती है। नेतृत्व की अभिव्यक्ति केवल भाषणों में नहीं, बल्कि उनके व्यवहार और फैसलों में दिखती है। जब कथनी और करनी एक होती है, तभी विश्वास पैदा होता है।

आपसी संवाद की संस्कृति को बढ़ावा देना

एक स्वस्थ समाज के लिए केवल बोलना ही नहीं, बल्कि ध्यान से सुना जाना भी ज़रूरी है। ऐसा माहौल जहाँ लोग बिना किसी डर या झिझक के अपने विचार साझा कर सकें और हर आवाज़ को सम्मान मिले, वही समाज को आगे ले जाता है।

रचनात्मक बातचीत से अलग-अलग विचारों को सुना जा सकता है, जो दूरियों को मिटाकर सहयोग की ऊर्जा पैदा करते हैं। किसी मोहल्ले की समस्या हो या समाज की उलझन, जब उस पर खुलकर चर्चा होती है, तो समाधान जल्दी और बेहतर निकलते हैं। आपसी संवाद स्वीकार्यता से बढ़ता है। ज़रूरी नहीं कि हम हमेशा सहमत हों, पर समझने की कोशिश ज़रूर होनी चाहिए। यह जज़्बा समाज को सजग बनाता है। हमें बिना किसी पूर्वाग्रह के दूसरों को सुनना सीखना होगा। ये छोटी आदतें ही एक ऐसी दुनिया बनाती हैं जहाँ हर कोई खुद को कीमती महसूस करता है।

अभिव्यक्ति के माध्यम से समाज का निर्माण

समाज को करीब से देखने पर पता चलता है कि संवाद हमारे साझा जीवन की हर परत को प्रभावित करता है। यह केवल जानकारी का लेन-देन नहीं है, बल्कि विचार, भावना और अंतर्दृष्टि को जोड़ने वाली एक जीवित प्रक्रिया है। जब ईमानदारी और देखभाल के साथ बात कही जाती है, तो हमारे शब्द मरहम लगा सकते हैं, लोगों को जोड़ सकते हैं और नया जीवन दे सकते हैं।

अभिव्यक्ति की आज़ादी और भावनाओं को समझने की क्षमता ही लोगों को समाज का हिस्सा बनने के लिए प्रेरित करती है। जब लोग महसूस करते हैं कि वे अपनी बात रख सकते हैं, तो उनमें अपनेपन और ज़िम्मेदारी की भावना आती है। अभिव्यक्ति केवल एक स्वतंत्रता नहीं, बल्कि एक चुनाव भी है। हमें सोच-समझकर बोलना और सहानुभूति के साथ सुनना चाहिए।

याद रखें, हर व्यक्ति अलग तरह से व्यक्त करता है, कोई शब्दों से, कोई इशारों से, तो कोई खामोशी से। इस विविधता का सम्मान ही समाज को मज़बूत और खुला बनाता है। एक बेहतर दुनिया के लिए हमें संवाद को केंद्र में रखना होगा। बच्चों को सवाल पूछने के लिए प्रेरित करें, परिवारों में भावनाओं के लिए जगह बनाएं और शासन में लोगों की आवाज़ को जगह मिले। अभिव्यक्ति ही वह धागा है जो दिलों को जोड़ता है और समाज को एक समझदार और एकजुट परिवार में बदल देता है।

अध्याय

10

शिक्षा, अपराध और न्याय के दृष्टिकोण से विश्लेषण

समाज के तीन स्तंभ: सीखना, भटकना और न्याय

इंसान का हर छोटा-बड़ा फैसला न केवल उसके खुद के लिए, बल्कि पूरे समाज की दिशा तय करता है। जैसे एक विचार बार-बार दोहराने से आदत बन जाता है, वैसे ही समाज की सोच का तरीका उसके नैतिक मापदंड तय करता है। अभिव्यक्ति और निर्णय लेने का यह खेल तीन मुख्य जगहों पर सबसे साफ़ दिखता है: शिक्षा, अपराध और न्याय। ये अलग-अलग सिस्टम नहीं हैं; ये समाज की भावनाओं और नैतिकता का आईना हैं। शिक्षा हमें बुनियादी संस्कार देती है;

अपराध तब जन्म लेता है जब वे संस्कार कहीं खो जाते हैं; और न्याय वह तरीका है जिससे बिगड़ा हुआ संतुलन वापस ठीक किया जाता है।

शिक्षाः चेतना और समझ को जगाना

सच्ची शिक्षा क्लासरूम की चारदीवारी से कहीं आगे की चीज़ है। यह वह ताकत है जो हमारे रवैये को बदलती है और ज़िंदगी की चुनौतियों का सामना करने की समझ देती है। एक शिक्षक केवल किताबी बातें बताने वाला नहीं होता, वह विचारों में जान फूँकने वाला होता है। उसकी भाषा, उसका लहज़ा, उसकी ईमानदारी और उसका धैर्य ही छात्र की दुनिया को देखने का नज़रिया तय करते हैं।

जब कोई सबक कहानियों, ज़िंदगी के अनुभवों या असली उदाहरणों से समझाया जाता है, तो वह छात्र के मन में घर कर जाता है। अगर गणित का टीचर हिसाब-किताब को घर के बजट से जोड़ दे या इतिहास को आज की घटनाओं से, तो पढ़ाई बोझ नहीं, मज़ा बन जाती है। ऐसे माहौल में छात्र रटते नहीं, बल्कि समझते हैं।

शिक्षक का व्यवहार भी सीखने के अनुभव को बदल देता है। अगर पढ़ाई सिर्फ 'हुक्म' है, तो छात्र सिर्फ उसका पालन करेंगे। लेकिन जहाँ सवाल पूछने की आज़ादी हो, जहाँ छात्र की शंकाओं का सम्मान हो, वहाँ सोचना एक आनंदमय प्रक्रिया बन जाती है। एक मेंटर का शांत रहना, उसका करुणा भाव और उसका आचरण छात्र के भविष्य के फैसलों पर असर डालता है। कभी-कभी शिक्षक का एक छोटा सा जुमला, "तुम खुद भी इस पर सोच सकते हो", सालों बाद किसी बड़े जीवन निर्णय में गूँज सकता है।

अपराधः अनसुने संघर्ष की आवाज़

कानून तोड़ना अक्सर एक अचानक हुई घटना लगती है। लेकिन अगर करीब से देखें, तो यह कभी भी अचानक नहीं होता। हर

अपराध के पीछे उपेक्षा, अलगाव और भावनात्मक टूटन का एक लंबा इतिहास होता है। किसी जुर्म को सिर्फ कानूनी मामला मान लेना उसकी मानवीय गहराई को नज़रअंदाज़ करना है। अक्सर, अपराध अदृश्य दर्द की एक दृश्य प्रतिक्रिया होती है।

इंसान का आंतरिक द्वंद्व सालों तक अनसुना रह सकता है, जो बाद में गुस्से या गलत फैसलों के रूप में बाहर आता है। जब किसी युवा को बार-बार अपमानित किया जाता है या उसे भावनात्मक सुरक्षा नहीं मिलती, तो वह समाज के नियमों को तोड़कर अपनी 'अहमियत' दिखाने की कोशिश करता है। ऐसा नहीं है कि वह पत्थर दिल है, बल्कि उसे कभी सहानुभूति और सही सोच का रास्ता दिखाया ही नहीं गया। उसका कृत्य कानूनी रूप से गलत हो सकता है, पर वह समाज की असफलता का बोझ भी ढो रहा होता है।

मान लीजिए, एक किशोर ने घर में हिंसा देखी है और स्कूल में उसे हमेशा नालायक कहा गया है। अगर वह चोरी करता है, तो यह केवल पैसों के लिए नहीं, बल्कि अपनी खोई हुई गरिमा और पहचान को पाने की एक चीख भी हो सकती है। इसलिए, ऐसे फैसलों का विश्लेषण करते समय केवल नियम नहीं, बल्कि उसके पीछे की 'भावनात्मक कहानी' पढ़नी चाहिए। तभी हम केवल सजा देने वाले समाज से हटकर सुधार लाने वाला समाज बन पाएंगे।

न्याय: भाषा, सुनवाई और मानवीय गरिमा

न्याय केवल एक अदालती प्रक्रिया नहीं है; यह समाज में नैतिकता को वापस लाने की कोशिश है। इसके केंद्र में है—इंसान को समझना, उसके दुख, उसकी उम्मीदें और उसकी आवाज़। अदालत केवल तर्क की जगह नहीं है; यह वह रंगमंच है जहाँ मानवीय भावनाएँ इंसाफ माँगती हैं। यहाँ भाषा का बड़ा महत्व है, और वह केवल कानून की भाषा नहीं, बल्कि 'इंसानियत' की भाषा होनी चाहिए।

अदालत में जब कोई गवाह बोलता है, तो उसकी कांपती हुई या मज़बूत आवाज़ उसके डर और हिम्मत का संकेत देती है। इसे केवल कानूनी शब्दों में नहीं, बल्कि संवेदनशीलता के साथ सुनना ज़रूरी है। अगर कानूनी भाषा बहुत जटिल हो जाए, तो आम आदमी खुद को ठगा हुआ महसूस करता है। न्याय तभी ताकत देता है जब लोग उसे समझ सकें।

एक जज केवल कानूनी अधिकारी नहीं होता, वह सच का अनुवादक होता है जो खामोशी और संदर्भ को भी पढ़ता है। उसका फैसला केवल कानून की किताबों से नहीं, बल्कि गवाही की गहराई को समझने से आना चाहिए। जब एक जज किसी अपराधी की चुप्पी में पछतावा देख लेता है, तो वह न्याय को तकनीकी दायरे से उठाकर मानवीय समझ तक ले जाता है।

समझ और करुणा: असली बदलाव की चाबी

सीखना, भटकना और न्याय, ये महज़ प्रशासनिक शब्द नहीं हैं। ये समाज की चेतना के जीवित रूप हैं। ये बताते हैं कि एक समाज कैसे सोचता और महसूस करता है। नियम और सिस्टम बदलाव ला सकते हैं, लेकिन बदलाव की शुरुआत 'नज़रिया' बदलने से होती है।

जब शिक्षक दिल से पढ़ाता है, तो वह जिज्ञासा जगाता है। जब हम अपराधी को केवल उसके जुर्म से नहीं, बल्कि उसके हालात से पहचानते हैं, तो सुधार की गुंजाइश बनती है। और जब न्याय में कानून के साथ सहानुभूति जुड़ती है, तो वह इंसान का सम्मान बहाल करता है। ये केवल तकनीकी कौशल नहीं हैं, बल्कि समाज की 'देखभाल' करने के तरीके हैं।

मानवीय जुड़ाव पर टिका भविष्य

एक संतुलित समाज वह है जहाँ कोई भी खुद को अदृश्य महसूस न करे: जहाँ शिक्षक प्रेरणा दें, जहाँ कानून सम्मान दे, और जहाँ

भटकने वाले को सजा के साथ सहारा भी मिले। यह सफर तब शुरू होता है जब हम दूसरों की अभिव्यक्ति को गहराई से समझना और संवेदनशीलता के साथ जवाब देना सीखते हैं।

बदलाव के लिए किसी बहुत बड़ी क्रांति की ज़रूरत नहीं है, बस 'जागरूकता' काफी है। जब हम बेहतर ढंग से सुनना और गहराई से सोचना शुरू करते हैं, तो हम दुनिया को न्याय और सहानुभूति के करीब ले जाते हैं। एक समाज तभी फलता-फूलता है जब हर आवाज़ की कीमत हो, हर गलती को समझ के साथ परखा जाए, और हर फैसला इंसान की गरिमा का सम्मान करे। इसी समझ में एक बेहतर कल का बीज छिपा है।

अध्याय 11

दैनिक जीवन में विश्लेषण

रोजमर्रा की जिंदगी और हमारी उलझनें

हमारी जिंदगी की ज्यादातर उलझनें और फैसले हमारी रोज की दिनचर्या से ही निकलते हैं। घर हो, दफ्तर हो या फिर आम मेल-जोल, ये सारे अनुभव हमारे मन और सोच पर गहरा असर डालते हैं। अक्सर हम घटनाओं पर सिर्फ 'प्रतिक्रिया' (React) देते हैं, लेकिन हम यह समझना भूल जाते हैं कि हमारा फैसला बना कैसे और उसके पीछे कौन सी भावना काम कर रही थी।

जब हम विश्लेषण करना सीख जाते हैं, तो हम सिर्फ बाहरी हालात को नहीं देखते, बल्कि अंदर की हलचल को भी पकड़ लेते हैं। हमें समझ आने लगता है कि किस भावना ने हमसे वह काम करवाया। विश्लेषण हमें सतह से उठाकर भीतर की यात्रा पर ले

जाता है। मिसाल के तौर पर, अगर अपनों के साथ कोई कहा-सुनी हो जाए और बाद में हम सोचें कि हमें इतना गुस्सा क्यों आया, तो हम अपनी जड़ों को पहचान पाएंगे। यही समझ अगली बार हमें ज़्यादा संतुलित और सुलझा हुआ इंसान बनाती है।

विश्लेषण सिर्फ समस्याओं को सुलझाने के लिए नहीं है, बल्कि यह खुद को जानने की एक आदत है। लोग समझते हैं कि बड़े फैसले ही जिंदगी बदलते हैं, पर सच तो यह है कि रोज के छोटे-छोटे चुनाव ही हमारी असल पहचान तय करते हैं।

घर के माहौल की समझ

घर वह जगह है जहाँ हम सबसे ज़्यादा खुले होते हैं, जहाँ हम अपनी भावनाओं को बिना किसी पर्दे के जाहिर करते हैं। इसीलिए घर भावनाओं का सबसे बड़ा केंद्र है। जब परिवार में किसी से अनबन होती है, तो हम बिना सोचे-समझे जवाब दे देते हैं। मुमकिन है कि वह तीखा जवाब हमारे खुद के तनाव, थकान या किसी पुरानी कसर की वजह से हो, पर हम सारा दोष सामने वाले पर मढ़ देते हैं।

अगर हम एक पल रुककर सामने वाले की मानसिक स्थिति और अपनी प्रतिक्रिया की वजह पर गौर करें, तो स्थिति साफ़ हो जाती है। यह ठहराव रिश्तों में कड़वाहट बढ़ने से रोकता है। जब घर के लोगों को लगता है कि उन्हें सुना और समझा जा रहा है, तो वे भी खुलकर अपनी बात कहते हैं। यही भावनात्मक सुरक्षा घर को एक मज़बूत और प्यार भरी जगह बनाती है।

बाजार में समझदारी भरी खरीदारी

बाजार सिर्फ सामान का नहीं, बल्कि भावनाओं का भी लेन-देन है। हम जाते तो ज़रूरत का सामान लेने हैं, लेकिन विज्ञापन और डिस्काउंट हमारी सोच को घुमा देते हैं। कई बार हम वह चीज़ भी उठा लाते हैं जिसकी हमें तुरंत ज़रूरत नहीं होती, क्योंकि उस वक्त हम लालच या 'सेल' के झांसे में होते हैं।

अगर हम हर खरीदारी से पहले रुककर यह सोचें कि क्या यह सचमुच काम की है या सिर्फ एक पल की चाहत, तो हम अपनी आदतों को संतुलित कर सकते हैं। यह आदत न केवल पैसे बचाती है, बल्कि हमें एक जागरूक नागरिक भी बनाती है जो सादगी और संतुलन की कीमत जानता है।

दफ्तर के बर्ताव की गहराई

दफ्तर एक ऐसी जगह है जहाँ अलग-अलग मिजाज के लोग साथ काम करते हैं। वहाँ छोटी सी बात भी पूरी टीम का माहौल बिगाड़ सकती है, इसलिए वहाँ विश्लेषण और भी ज़रूरी हो जाता है।

मान लीजिए, आपका कोई साथी अचानक उखड़ा-उखड़ा व्यवहार कर रहा है। अगर आप भी गुस्से में जवाब देंगे, तो बात बिगड़ जाएगी। पर अगर आप सोचें कि शायद वह किसी दबाव में है या घर की किसी परेशानी से जूझ रहा है, तो आपका नज़रिया बदल जाएगा। गुस्से की जगह आप मदद का हाथ बढ़ाएंगे, जिससे टीम में भरोसा बढ़ेगा। दफ्तर में दूसरों के नजरिए को अहमियत देना ही हमें पेशेवर तौर पर मज़बूत बनाता है।

रोज की घटनाओं में छिपा सच

रोज की कई बातें मामूली लगती हैं, जैसे अचानक खामोश हो जाना, मन का भारी होना या छोटी बात पर चिढ़ जाना। ये पल छोटे दिखते हैं, पर इनके नीचे हमेशा एक भावनात्मक वजह छिपी होती है। ये घटनाएँ हमारे मन की गहराई को खोलती हैं। शायद हम थके हुए हैं या हमारी कोई उम्मीद पूरी नहीं हुई। इन 'आम' लगने वाली चीज़ों को गौर से देखने पर ही हम खुद को बेहतर समझ पाते हैं और जीवन में संतुलन ला पाते हैं।

भावनाओं को पहचानना और समझना

अगर किसी दिन बिना किसी ठोस वजह के आप चिड़चिड़ा महसूस कर रहे हैं, तो इसे यूँ ही न टालें। यह अंदरूनी तनाव या असुरक्षा का संकेत हो सकता है। अपनी मनःस्थिति पर विचार करने से आप उस भावना को पकड़ पाएंगे और खुद को बेहतर महसूस करा पाएंगे।

वैसे ही, अगर कोई हंसमुख इंसान अचानक चुप रहने लगे, तो यह बदलाव सिर्फ एक आदत नहीं, बल्कि एक इशारा है। इसे समय पर पहचानना किसी रिश्ते को टूटने से बचा सकता है। जिंदगी के बड़े मोड़ अचानक नहीं आते, वे हमारे भीतर चल रहे छोटे-छोटे बदलावों से ही आकार लेते हैं।

प्रतिक्रिया देने से पहले सोचने की आदत

जवाब देने से पहले एक पल का ठहराव सिर्फ इंतज़ार नहीं है; यह एक मौका है खुद के भीतर झाँकने का। यह हमें बताता है कि हर अंदरूनी प्रतिक्रिया सच नहीं होती; कुछ प्रतिक्रियाएँ पुराने डर या मानसिक भ्रम से भी पैदा होती हैं। जब हम सामने वाले की नीयत को समझने की कोशिश करते हैं, तो विवाद टल जाता है और हमारी सोच में स्थिरता आती है।

अपनी भावनाओं और आदतों को जानना

विश्लेषण हमें यह पहचानने में मदद करता है कि हमारे भीतर क्या अहंकार से आ रहा है, क्या डर से और क्या साफ़ समझ से। जैसे-जैसे यह समझ बढ़ती है, हम खुद के प्रति ज़्यादा ईमानदार होने लगते हैं। धीरे-धीरे हम न केवल अपनी, बल्कि दूसरों की भावनाओं को भी उनके संदर्भ में देखना शुरू कर देते हैं। हालात शायद न

बदलें, पर हमारा नज़रिया बदल जाता है। चुनौतियाँ फिर मुसीबत नहीं, बल्कि गहराई से समझने के मौके लगने लगती हैं।

विश्लेषण से जीवन में गहराई

अगर हम रोज के अनुभवों को सिर्फ बीता हुआ कल मान लें, तो वे धुंधले पड़ जाते हैं। लेकिन अगर हम उन पर विचार करें, तो वे सबक बन जाते हैं। किस बात ने हमें चोट पहुँचाई, किस खामोशी ने हमें बेचैन किया, यह सब समझना ही आत्म-जागरूकता है।

विश्लेषण सिर्फ घटनाओं को जाँचने का औजार नहीं है, बल्कि यह सोच और अनुभव के बीच का एक पुल है। यह हमें जिंदगी को एक भाषा की तरह पढ़ना सिखाता है, जहाँ इशारों, बर्ताव और खामोशी के भी अपने अर्थ होते हैं। यह अभ्यास हमें भीतर से मज़बूत बनाता है। हम जिंदगी को सिर्फ काटते नहीं, बल्कि हर पल की मौजूदगी को महसूस करते हुए उसे जीते हैं।

जब विश्लेषण रोज की आदत बन जाता है, तो हमें साफ़ दिखने लगता है कि हर स्थिति सिर्फ बाहरी नहीं होती, वह हमारे भीतर भी घट रही होती है। विश्लेषण हमें कल्पना और हकीकत के बीच फर्क करना सिखाता है। जिंदगी की चुनौतियाँ भले ही बनी रहें, पर उन्हें समझने की हमारी ताकत गहरी हो जाती है, जो धीरे-धीरे हमारी बाहरी दुनिया को भी एक नया और सुंदर आकार देने लगती है।

अध्याय 12

खुद का विश्लेषण करना सीखना

हम अपने बारे में जो भी फैसला लेते हैं, वही वह बीज बनता है जो तय करता है कि हम आगे चलकर क्या बनेंगे। रोजमर्रा की भाग-दौड़ में हम अक्सर इस शांत सच को भूल जाते हैं। हम कैसे बोलते हैं, कैसे बर्ताव करते हैं, कैसे जवाब देते हैं, ये सब चुनाव हम बिना रुके, बिना सोचे ही करते चले जाते हैं। 'आत्म-चिंतन' (Reflection) वही ठहराव है। यह वह पल है जब हम जिंदगी की रफ्तार से थोड़ा अलग हटकर खुद से पूछते हैं: "अभी मेरे भीतर क्या चल रहा है, और क्यों?"

अपने बारे में सोचना कोई अहंकार या ज़रूरत से ज़्यादा चिंता नहीं है। यह जागरूक जीवन की नींव है। हम दूसरों के साथ कैसा व्यवहार करते हैं, अपनी भावनाओं को कैसे संभालते हैं और अपनी ज़िम्मेदारियों को कैसे निभाते हैं, यह सब हमारी आंतरिक स्पष्टता या

उलझन से ही निकलता है। अगर हम अपने भीतर नहीं झाँकते, तो हम उन आदतों और भावनाओं के गुलाम बने रहते हैं जिन्हें हम खुद नहीं समझते। लेकिन जब हम अपने विचारों, इच्छाओं और आवेगों को गौर से देखना शुरू करते हैं, तो एक नई तरह की जागरूकता जागती है, वह जो हमें धीरे-धीरे संतुलन की ओर ले जाती है।

यह चिंतन खुद को दुनिया से अलग करने के बारे में नहीं है; बल्कि यह समझने के बारे में है कि हम इस दुनिया में अपनी भूमिका कैसे निभाते हैं। यह जानकर कि हमें कौन चला रहा है, डर या प्यार, आदत या समझ, हम अपने जीने के तरीके की ज़िम्मेदारी लेते हैं। आत्म-चिंतन दुनिया में हमारे योगदान को कम नहीं करता, बल्कि उसे और भी निखारता और गहरा बनाता है।

भावनात्मक पैटर्न को पहचानना

हमारे भीतर उठने वाली हर भावना एक संदेश लेकर आती है। लेकिन हम अक्सर इन भावनाओं को महज़ 'मूड' समझकर टाल देते हैं। खुशी आती है तो हम उसमें डूब जाते हैं। गुस्सा आता है तो हम उसे सही ठहराते हैं। उदासी आती है तो हम उसे दबा देते हैं। लेकिन जब हम इन भावनाओं को उन मेहमानों की तरह देखना शुरू करते हैं जो हमें कुछ बताने आए हैं, तो हम अपने आंतरिक संसार से गहराई से जुड़ जाते हैं।

कुछ भावनाएँ हमारे पास दूसरों की तुलना में ज़्यादा आती हैं। कुछ लोग अक्सर अपराधबोध (Guilt) महसूस करते हैं, तो कुछ जल्दी चिढ़ जाते हैं। कुछ लोग सुकून भरे दिनों में भी अंदर ही अंदर बेचैन रहते हैं। ये पैटर्न इत्तेफाक नहीं हैं। ये उन गहरी ताकतों के इशारे हैं, वे यादें जो अभी सुलझी नहीं हैं, वे उम्मीदें जो पूरी नहीं हुईं, या वे धारणाएँ जिन पर हमने कभी सवाल नहीं किया। अगर अनदेखा किए जाने पर हर बार गुस्सा आता है, तो शायद यह सिर्फ उस स्थिति की बात नहीं है, बल्कि वह पुराना घाव है जिसे किसी ने छू दिया है।

इन पैटर्नों को पहचानने का मतलब भावनाओं में खो जाना नहीं है, बल्कि उनका सम्मान करना है। जैसे शारीरिक दर्द हमें किसी चोट के प्रति सचेत करता है, वैसे ही भावनात्मक बेचैनी हमसे ध्यान देने की माँग करती है। और ध्यान देने से ही घाव भरने लगते हैं, ज़ोर-ज़बरदस्ती से नहीं, बल्कि समझदारी से।

अपनी असली ज़रूरतों की खोज

हम में से बहुत से लोग सालों तक उन चीज़ों के पीछे भागते रहते हैं जिनकी हमें कभी असल में चाहत ही नहीं थी। हम सफल होना चाहते हैं क्योंकि हमें बताया गया कि सफलता ज़रूरी है। हम रिश्तों के पीछे भागते हैं क्योंकि हमें लगा कि प्यार का मतलब कब्ज़ा है। इस उलझन में हम सबसे बुनियादी सवाल भूल जाते हैं: "मुझे असल में क्या चाहिए?"

अपनी असली ज़रूरतों को खोजना एक ऐसी ईमानदारी माँगता है जो कभी-कभी असहज कर सकती है। इसका मतलब यह हो सकता है कि हम स्वीकार करें कि जो चीज़ कभी ज़रूरी लगती थी, अब उसका कोई मोल नहीं। इसका मतलब यह हो सकता है कि दूसरों की तालियों ने हमारे दिल को कभी नहीं भरा। इसका मतलब उस पहचान को छोड़ना हो सकता है जो सिर्फ दूसरों को खुश करने या खुद को साबित करने के लिए बनाई गई थी।

असली ज़रूरतें हमेशा बड़ी या नाटकीय नहीं होतीं। कभी-कभी हमें सिर्फ आराम चाहिए होता है, या खुद के होने की आज़ादी, या एक ऐसी जगह जहाँ हम असफल होने पर भी सुरक्षित महसूस कर सकें। जब हम इन कोमल ज़रूरतों को सुनना शुरू करते हैं, तो एक अलग तरह की स्पष्टता आती है। मन इसलिए शांत नहीं होता कि सब कुछ सुलझ गया है, बल्कि इसलिए शांत होता है क्योंकि अब हम खुद से भाग नहीं रहे हैं।

विचारों की भावनात्मक जड़ें

विचार मन से वैसे ही गुज़रते हैं जैसे आसमान से बादल। लेकिन हर विचार के नीचे भावना की एक धारा होती है जो उसे रंग और दिशा देती है। बरसों पहले किसी की कही एक बात आज भी एक गहरे शक के रूप में ज़िंदा रह सकती है। बचपन की कोई अधूरी ज़रूरत आज "मैं काबिल नहीं हूँ" वाले विचार के रूप में गूँज सकती है।

अपने विचारों को साफ़ तौर पर समझने के लिए हमें उनके नीचे छिपे अहसास को महसूस करना सीखना होगा। क्या यह विचार डर से पैदा हो रहा है या अनुभव से? क्या मेरे बारे में मेरी यह धारणा सच है, या यह सिर्फ एक पुराना अहसास है जिसे मैंने कभी चुनौती नहीं दी? जब हम अपने विचारों के भावनात्मक उद्गम को पहचान लेते हैं, तो हम हर विचार को 'हुक्म' की तरह मानना बंद कर देते हैं। हम चुनने लगते हैं कि किस विचार के पीछे चलना है और किसे जाने देना है।

सीखी हुई धारणाओं और आंतरिक समझ को अलग करना

जब से हम भाषा समझने लगते हैं, हम दूसरों की धारणाओं को सोखना शुरू कर देते हैं। हम सीखते हैं कि कैसे व्यवहार करना है, सफलता क्या है, प्यार कैसा दिखना चाहिए। ये सीख हमारी दुनिया को आकार देती है, लेकिन इनमें से हर चीज़ हमारे लिए सही नहीं होती।

कुछ धारणाएँ हमें बचाती हैं, तो कुछ हमें चुपके से कैद कर लेती हैं। जैसे, "मुझे हमेशा मज़बूत दिखना चाहिए" या "प्यार पाने के लिए हमेशा सहमत होना ज़रूरी है"। जब कोई धारणा मदद करने के बजाय दुख देने लगे, तो समझ लीजिए कि उसे दोबारा देखने का समय आ गया है। क्या यह हमारी अपनी चुनी हुई बात है, या यह वह

बोझ है जो हमें थमा दिया गया था और हमने कभी इसे वापस करने की हिम्मत नहीं की? जो हमें सिखाया गया और जो हम सच में जानते हैं, उन्हें अलग करना आसान नहीं है, पर यही सच्ची आज़ादी का रास्ता है।

विचारों को चुनना, उनके हाथों चुने न जाना

मन में विचारों का प्रवाह लगातार चलता रहता है। अक्सर हम मान लेते हैं कि अगर कोई विचार आया है, तो हमें उसके पीछे चलना ही होगा। पर यह सच नहीं है। हम अपने मन से गुज़रने वाले हर विचार पर विश्वास करने या उसे मानने के लिए मजबूर नहीं हैं।

विचारों को बिना उनमें फँसे देखना एक कोमल अभ्यास है। इसका मतलब यह नहीं है कि जो उठ रहा है उसे नकार दें, बल्कि इसका मतलब है कि बिना जल्दबाज़ी के उसे गौर से देखें। कोई विचार आया, "मैं शायद फेल हो जाऊँगा", और प्रतिक्रिया देने के बजाय हम पूछते हैं: "क्या यह विचार काम का है? क्या यह सच है? क्या मैं इसी तरह जवाब देना चाहता हूँ?" यह आदत हमें यह चुनने की शक्ति देती है कि किन विचारों को पालना है और किन्हें विदा कर देना है।

अपने आंतरिक संसार का 'साक्षी' बनना

कभी-कभी सबसे बड़ा बदलाव काम से नहीं, बल्कि जागरूकता से आता है। जब हम अपने व्यवहार, अपनी बातों और अपने विचारों को थोड़ी दूरी से देखना शुरू करते हैं, तो हमें वे पैटर्न दिखने लगते हैं जो पहले कभी नहीं दिखे। हम देखते हैं कि हम तनाव में कैसे जवाब देते हैं, आलोचना पर कैसे भड़कते हैं, या असुरक्षित होने पर कैसे बोलते हैं।

यह 'साक्षी' (Observer) भाव कठोर या आलोचनात्मक नहीं होता। यह एक आईने की तरह कोमल होता है जो हमें वैसा ही

दिखाता है जैसे हम हैं। इस शांत जागरूकता के ज़रिए हम उत्तेजना और प्रतिक्रिया के बीच एक जगह (Space) बनाते हैं। हम रुकना सीखते हैं। और उसी ठहराव में हम बड़े होते हैं।

आंतरिक परिवर्तन की यात्रा

कोई भी अहसास तब तक पूरा नहीं होता जब तक वह हमारे व्यवहार को बदलना शुरू न कर दे। जिस पल हम अपने भीतर कुछ ऐसा देखते हैं जो हमारे काम का नहीं है, हमारे पास एक चुनाव होता है: क्या हम बदलेंगे, या वैसे ही रहेंगे?

आंतरिक बदलाव की शुरुआत सरल है, पर आसान नहीं। यह अक्सर छोटे फैसलों से शुरू होती है, थोड़ी और नरमी से बोलना, थकने पर आराम करना, या बिना किसी ग्लानि के 'ना' कह देना। ये कोई बहुत बड़े कदम नहीं लगते, लेकिन ये इस बात का इशारा हैं कि अब हम खुद को अलग तरह से देख रहे हैं। बदलाव का मतलब कभी-कभी असहज होना भी है, यह मानना भी है कि हम गलत थे। पर यही आज़ादी का रास्ता भी है।

अहसास से विकास तक का रास्ता

विकास कोई सीधी सड़क नहीं है। इसमें घुमाव हैं, वापसी है और भूल जाने के पल भी हैं। लेकिन हर बार जब हम अपने गहरे स्वरूप की ओर लौटते हैं, हम मज़बूत होते हैं। अहसास हमें रास्ता दिखाता है, पर रोज का अभ्यास ही उसे जीवन जीने का तरीका बनाता है। अगर पुराने पैटर्न वापस आएँ, तो इसका मतलब यह नहीं कि आप फेल हो गए। यह एक निमंत्रण है, फिर से शुरुआत करने का, इस बार और भी ज़्यादा धैर्य के साथ।

आत्म-विश्लेषण जीवन को कैसे गहरा बनाता है

जैसे-जैसे आत्म-विश्लेषण एक आदत बन जाता है, हम उन चीज़ों पर गौर करने लगते हैं जिन्हें दूसरे छोड़ देते हैं। आवाज़ का

हल्का सा बदलाव, किसी वाक्य में आया ठहराव, या किसी की मुस्कुराहट के पीछे का भारीपन। हम सिर्फ कानों से नहीं, बल्कि संवेदनाओं से सुनना शुरू कर देते हैं। यह गहराई हमें ज़्यादा सहानुभूतिपूर्ण बनाती है। हम लोगों को परखने में जल्दबाज़ी नहीं करते, बल्कि समझने की कोशिश करते हैं।

भीतर से शुरू होने वाली स्पष्टता

इस पूरी यात्रा के केंद्र में स्पष्टता है, वह स्पष्टता जो चिल्लाती नहीं, बल्कि चुपचाप रास्ता दिखाती है। यह समस्याओं की अनुपस्थिति नहीं है, बल्कि एक सही नज़रिए की मौजूदगी है। यह हमें बताती है कि जब रास्ता अनिश्चित हो, तब भी अगला कदम कैसे उठाना है।

यह स्पष्टता केवल किताबों या सलाह से नहीं आती। यह खुद के साथ बैठने, सुनने और जो मिले उस पर भरोसा करने से आती है। जब हम इस जगह से जीना शुरू करते हैं, तो बाहर की दुनिया भले ही जटिल बनी रहे, लेकिन अंदर की दुनिया स्थिर हो जाती है। और उसी स्थिरता में हम वे चुनाव करते हैं जो यह बताते हैं कि हम वास्तव में कौन हैं।

अध्याय 13

समस्याओं को जड़ से रोकना

हर समस्या शोर मचाकर या चेतावनी देकर नहीं आती। कई परेशानियाँ बहुत दबे पाँव आती हैं, हमारी रोजमर्रा की आदतों में घुल-मिल जाती हैं और तब तक नज़र नहीं आतीं जब तक वे विकराल रूप न ले लें। एक रात की अधूरी नींद, मन में बना रहने वाला एक अनजाना सा भारीपन, या किसी पुराने रिश्ते में महसूस होने वाली एक हल्की सी खामोश बेचैनी, ये सब इत्तेफाक नहीं हैं। ये छोटे-छोटे इशारे हैं। ज़िंदगी अक्सर चिल्लाने से पहले फुसफुसाती है।

हम अक्सर इन संकेतों को अनदेखा कर देते हैं। छोटी सी बेचैनी को अस्थायी मान लेते हैं और किसी के बदलते बर्ताव को 'मूड' कह कर टाल देते हैं। लेकिन इन छोटे संकेतों के नीचे कुछ बड़ा बदल रहा होता है। अगर हम इन बदलावों को घबराहट के बजाय जिज्ञासा

(Curiosity) के साथ देखना शुरू करें, तो हम अपनी ज़िंदगी को ज़्यादा साफ़ तौर पर समझ पाएंगे। छोटे बदलावों पर समय रहते ध्यान देना हमें स्थितियों

को बिगड़ने से पहले संभालने में मदद करता है। यही शांत जागरूकता समस्याओं को जड़ पकड़ने से रोकने का हमारा सबसे पहला औजार है।

जब रिश्तों का रुख बदले, तो उसे सुनें

रिश्ते अक्सर झगड़ों से नहीं, बल्कि खामोशी से बदलते हैं। जब अपना कोई बहुत करीब का व्यक्ति खुलकर बातें साझा करना बंद कर दे, उसकी बातों में वह पुरानी ऊर्जा न रहे, या वह नज़रे चुराने लगे, तो समझ जाइए कि कुछ बदल रहा है। ये बदलाव शोर नहीं मचाते, ये बहुत धीरे-धीरे आते हैं। खतरा इस खामोशी में नहीं है, बल्कि इस बात में है कि हम कितनी आसानी से इसे 'नॉर्मल' मान लेते हैं।

कभी-कभी हम खुद को समझा लेते हैं कि सब अपने आप ठीक हो जाएगा। हम बातचीत टालते रहते हैं। लेकिन जब दो लोग अपनी भावनाएँ व्यक्त करना बंद कर देते हैं, तो उनके बीच एक खाली जगह (Space) बन जाती है। यह जगह भले ही दिखाई न दे, पर इसमें बहुत वजन होता है। इसमें शक, पुरानी बातें और अनकही कड़वाहट भर जाती है।

दूरी बढ़ने से पहले ही उसे रोकने का एक ही तरीका है—बोलना। बिना किसी दोषारोपण के, बहुत नरमी और ईमानदारी के साथ बात करना। पूछना, सुनना और अपनी बात कहना बहुत छोटे काम लगते हैं, पर ये घावों को भरने की ताकत रखते हैं। एक शांत बातचीत उस वक्त दिलों को फिर से जोड़ सकती है, जब गलतफहमी अभी जुदाई नहीं बनी होती।

आपका शरीर सबसे पहले बोलता है

शरीर के पास वह बुद्धिमानी होती है जिसे हमारा दिमाग कभी-कभी मानने से इनकार कर देता है। बार-बार होने वाला सिरदर्द, पेट में तनाव या हर वक्त की थकान सिर्फ शारीरिक बीमारियाँ नहीं हैं; ये संदेशवाहक हैं। हमें लगता है कि यह सब काम के बोझ या नींद की कमी से है, लेकिन अगर ये लक्षण बने रहें, तो ये किसी गहरे भावनात्मक तनाव का संकेत हो सकते हैं।

अक्सर मन की चिंता शरीर का रास्ता खोज लेती है। घबराहट शायद चिंता के रूप में न दिखे, पर वह भूख न लगने या छाती में भारीपन के रूप में ज़रूर दिख सकती है। जो बोझ दिमाग नहीं उतार पाता, उसे शरीर ढोता है। अगर हम इन संकेतों को पढ़ना सीख लें, तो हम बीमारी या परेशानी बढ़ने से पहले ही खुद को संभाल सकते हैं। अपने शरीर की सुनना कोई डर की बात नहीं है, यह खुद के प्रति सम्मान है।

जब मन खामोशी से संघर्ष करे

मानसिक असंतुलन हमेशा किसी बड़े संकट के रूप में सामने नहीं आता। यह अक्सर बहुत छोटे कोनों से शुरू होता है, जैसे छोटी-सी बात पर चिढ़ जाना, किसी काम में मन न लगना या उन चीज़ों से मन ऊब जाना जिन्हें हम कभी पसंद करते थे। ये अनुभव गंभीर नहीं लगते, इसलिए हम इन्हें झटक देते हैं। पर इनका अपना एक अर्थ होता है।

जिसे हम भुलक्कड़पन समझ रहे हैं, वह मानसिक थकान हो सकती है। जिसे हम बोरियत कह रहे हैं, वह अंदरूनी दबाव हो सकता है। पढ़ाई से भटकने वाला छात्र आलसी नहीं, बल्कि शायद डरा हुआ या उलझा हुआ हो सकता है। जो इंसान छोटी बात पर उखड़ जाता है, वह बदमिजाज नहीं, बल्कि किसी अनकही भावना के बोझ तले दबा हो सकता है। इन लक्षणों को कोई 'लेबल' देने के

बजाय सहानुभूति के साथ देखना चाहिए। जब मन का कोई लय बार-बार बिगड़े, तो उसे दबाने के बजाय उस पर ध्यान देने की ज़रूरत होती है।

प्रतिक्रिया टालने में छिपी शांत ताकत

रोज हमारा सामना ऐसी स्थितियों से होता है जो हमारी भावनाओं की परीक्षा लेती हैं। कोई साथी बदतमीजी से बोलता है, परिवार का कोई सदस्य हमें गलत समझ लेता है या कोई योजना फेल हो जाती है। ऐसे में पहली इच्छा तुरंत जवाब (React) देने की होती है। लेकिन बिना सोचे-समझे दी गई प्रतिक्रिया शायद ही कभी काम आती है।

खुद को रोकने में एक शांत ताकत होती है। हर भावना को उसी वक्त व्यक्त करना ज़रूरी नहीं है। कभी-कभी बुद्धिमानी इसी में है कि एक पल रुककर भावनाओं की पहली लहर को गुजर जाने दिया जाए। उस ठहराव में हमें स्थिति ज़्यादा साफ़ दिखने लगती है। हम खुद से अलग सवाल पूछ पाते हैं: "क्या इसका सच में कोई बड़ा मतलब है? सामने वाला किस दौर से गुज़र रहा होगा? जवाब देने का सबसे सही तरीका क्या है?" यह संयम कमज़ोरी नहीं, बल्कि मज़बूती की निशानी है।

जानें कि कब खामोशी सबसे बेहतर है

हर छोटी तकलीफ या बुराई का जवाब देना ज़रूरी नहीं है। कभी-कभी चीज़ों को उनके हाल पर छोड़ देना ही सबसे बड़ा मरहम होता है। ज़िंदगी में लोग गलतियाँ करेंगे, आपको अनदेखा करेंगे या कुछ भूल जाएंगे। हर ऐसी बात पर प्रतिक्रिया देना अपनी ऊर्जा को बेकार में खर्च करना है। असली सवाल यह नहीं है कि "क्या मुझे कुछ कहना चाहिए?", बल्कि यह है कि "क्या अभी कुछ कहने से कोई फायदा होगा?" छोटी बातों में न उलझने का फैसला करना हार नहीं, बल्कि अपनी मानसिक शांति को चुनना है।

छोटी चीज़ों की भाषा

ज़िंदगी खुद को छोटे-छोटे पैटर्नों में जाहिर करती है। हम कामों को क्यों टालते हैं, हम कुछ खास लोगों से क्यों बचते हैं, किसी कमरे में घुसने से पहले मन में कैसा अहसास होता है, ये इत्तेफाक नहीं हैं। ये सुराग (Clues) हैं। अगर आप किसी एक काम को बार-बार टाल रहे हैं, तो यह सिर्फ आलस नहीं है; यह आपके भीतर के किसी डर या बिना मकसद वाले काम के प्रति विरोध का संकेत हो सकता है। इन 'मामूली' दिखने वाली बातों को अहमियत देना ही आत्म-विश्लेषण है।

समस्याओं को बाहर नहीं, अपने भीतर देखें

अक्सर जो हमें दुनिया की समस्या लगती है, वह असल में हमारे भीतर के असंतुलन की परछाई होती है। हम कारणों के लिए बाहर देखते हैं, लोगों को, किस्मत को या हालात को दोष देते हैं। लेकिन अगर हम अपनी नज़र अंदर की तरफ घुमाएँ, तो तस्वीर बदलने लगती है। "यह स्थिति मुझे मेरे बारे में क्या सिखा रही है?" यह सवाल उलझन को समझ में बदल देता है। जब हम अंदर से खुद को थोड़ा बदल लेते हैं, तो बाहर की समस्याएँ अपने आप छोटी होने लगती हैं।

बचाव को जीवन जीने का तरीका बनाना

किसी समस्या से निपटने का सबसे अच्छा तरीका यह नहीं है कि उसके बढ़ने का इंतज़ार किया जाए। 'बचाव वाला जीवन' जीने का मतलब डरे-डरे रहना नहीं है, बल्कि हर पल में पूरी तरह मौजूद रहना है। इसका मतलब है कि आप अपनी ऊर्जा में आने वाले बदलाव, लहज़े की कड़वाहट या मन की बेचैनी को समय रहते महसूस कर लें।

यह उपस्थिति धीरे-धीरे आपकी जीवनशैली बन जाती है। आप जानने लगते हैं कि कब आपका उत्साह कम हो रहा है या कब कोई

रिश्ता बोझ बन रहा है। आप उसे गौर से देखते हैं, उस पर विचार करते हैं और ज़रूरी कदम उठाते हैं, शोर मचाकर नहीं, बल्कि स्थिरता के साथ। एक संतुलित जीवन का मतलब यह नहीं है कि समस्याएँ कभी आएँगी ही नहीं; इसका मतलब यह है कि आप उन्हें इतनी जल्दी देख लेंगे कि वे आपको हैरान नहीं कर पाएंगी। आप उन समस्याओं से तब मिलेंगे, जब आप पहले से ही उनके लिए तैयार और जागरूक होंगे।

अध्याय

14

एक नया नज़रिया

इस किताब का गहरा मकसद

यह किताब सिर्फ कुछ सिद्धांतों को समझाने के लिए नहीं लिखी गई है। इसका मकसद कहीं ज़्यादा गहरा है: एक ऐसी सोच को जगाना, जो विचारों को सीधे आपकी ज़िंदगी से जोड़ दे। अक्सर हम विचारों को सिर्फ 'सुनते' हैं, उन्हें 'महसूस' नहीं करते। हमारा दिमाग तो समझ जाता है, पर हमारा दिल अनछुआ रह जाता है। यहाँ कोशिश पाठक को जानकारी से भरने की नहीं, बल्कि उनके भीतर एक ऐसी जगह बनाने की है जहाँ रोजमर्रा के अनुभवों के बीच एक नई समझ अपनी जड़ें जमा सके।

इस किताब का हर विचार केवल पढ़ने के लिए नहीं, बल्कि उस पर ठहरकर सोचने के लिए है। अभिव्यक्ति और विश्लेषण के ये विषय ज़िंदगी से अलग नहीं हैं। ये खुद ज़िंदगी हैं। ये तय करते हैं कि हम कैसे बोलते हैं, कैसे फैसले लेते हैं और कैसे जीते हैं। उम्मीद यही है कि पाठक इन विचारों को सिर्फ पढ़े नहीं, बल्कि इन्हें अपने भीतर उतरते हुए महसूस करे और देखे कि ये कैसे उसकी रोज की जागरूकता को बदल रहे हैं।

हर इशारे में छिपी अभिव्यक्ति

अभिव्यक्ति वह नहीं है जो सिर्फ बोलने से शुरू होती है, और न ही यह खामोशी के साथ खत्म होती है। यह तो एक निरंतर बहती धारा है, हमारी आँखों में, हमारे सुनने के तरीके में, और उन खामोश पलों में भी जब हम दुनिया को महसूस कर रहे होते हैं। एक इंसान बिना एक शब्द बोले भी सब कुछ कह सकता है। एक नज़र, एक गहरी सांस, या एक छोटी सी हिचकिचाहट, इन सबके अपने मायने हैं।

इसे समझने के लिए हमें अपनी नज़र बदलनी होगी। सिर्फ शब्दों पर ध्यान देने के बजाय, हमें उस अहसास को पकड़ना होगा जो उन शब्दों के पीछे है। बोलने वाले का लहज़ा, उसकी मौजूदगी, या शब्दों की गैर-मौजूदगी, ये हमें बोलने से कहीं ज़्यादा बता देते हैं। अभिव्यक्ति कभी सिर्फ दिखावा नहीं होती; यह तो हमारे भीतर जो चल रहा है, उसका आईना है। जब हम इसे समझने लगते हैं, तो हमारा संवाद और भी गहरा हो जाता है।

पुरानी आदतों से दिल के जुड़ाव तक

हमारी रोज की ज्यादातर बातचीत एक ढर्रे पर चलती है। हम वही कहते हैं जिसकी उम्मीद की जाती है। हम बिना सोचे-समझे जवाब देते हैं। समय के साथ, हमारे अहसास और हमारी बातों के

बीच का रिश्ता कमज़ोर पड़ जाता है। लेकिन जब अभिव्यक्ति ईमानदार होती है, जब हम किसी को प्रभावित करने के लिए नहीं, बल्कि जुड़ने के लिए बोलते हैं, तो सब कुछ बदल जाता है।

हम गौर करने लगते हैं कि हमारा अंदरूनी संसार हमारे बाहरी बर्ताव को कैसे प्रभावित करता है। मन का तनाव आवाज़ में कड़वाहट ले आता है, और मन की शांति बातों में नरमी। यह समझ हमें बोलने से पहले अंदर झाँकना सिखाती है। अगर हम बिखरा हुआ महसूस कर रहे हैं, तो हम रुक जाते हैं। अगर हम शांत हैं, तो हमारे शब्द साफ़ और स्पष्ट होते हैं। तब बोलना सिर्फ काम चलाने का जरिया नहीं रह जाता, बल्कि रिश्तों को गहरा करने का रास्ता बन जाता है।

सही फैसलों की जड़: स्पष्टता

ज़िंदगी हमसे हर कदम पर छोटे-बड़े फैसले माँगती है। अक्सर हम जल्दबाज़ी में, दूसरों के दबाव में या जज़्बात में बहकर फैसले ले लेते हैं। पर जल्दबाज़ी का मतलब सही होना नहीं है। ज़रूरी यह है कि हमारा चुनाव हमारे असली स्वरूप को दर्शाता हो।

सच्चे फैसले बाहरी शोर से नहीं निकलते। वे तब पैदा होते हैं जब हम समझते हैं कि हमारे लिए सच में क्या कीमती है। एक साफ़ और शांत दिमाग ही सही दिशा देख पाता है। जब हम उस गहराई से फैसला लेते हैं, तो चुनाव बोझ नहीं लगते, बल्कि उनमें एक मज़बूती होती है। ऐसे फैसले हमें अंदर से जोड़ते हैं और एक ऐसा शांत आत्मविश्वास देते हैं जो तब भी बना रहता है जब दुनिया हमारे रास्ते पर सवाल उठाती है।

बच्चे जैसी जिज्ञासा को वापस पाना

बच्चे दुनिया को हैरानी भरी नज़रों से देखते हैं। वे नतीजे पर पहुँचने की जल्दी में नहीं होते। वे बहस करने के लिए नहीं, बल्कि

समझने के लिए सवाल पूछते हैं। उनके लिए हर चीज़ नई है। और क्योंकि वे सब कुछ ताज़गी के साथ देखते हैं, इसलिए वे बहुत सहजता से सीखते हैं।

जैसे-जैसे हम बड़े होते हैं, हम वह नहीं देखते जो सामने है, बल्कि वह देखते हैं जो हम देखना चाहते हैं। हमारी सोच पुरानी यादों, डरों या तुलनाओं से घिर जाती है। बच्चों जैसा नज़रिया रखने का मतलब नासमझ होना नहीं है, बल्कि अपनी धारणाओं को किनारे रखकर ज़िंदगी को वैसा ही देखना है जैसी वह है। ऐसा करने से समस्याएँ 'सबक' बन जाती हैं और गलतियाँ 'मौके'। यह खुद के प्रति ईमानदार होने का तरीका है।

सोच की सादगी में छिपी ताकत

ज़िंदगी में उलझनें अक्सर हमारी अपनी सोच की वजह से आती हैं। हम बहुत आगे का सोचते हैं, हर इशारे का मतलब निकालते हैं और पुरानी बातों को नई स्थितियों में घसीट लाते हैं। लेकिन जब हम सादगी से सोचते हैं, तो हमें सब कुछ साफ़ दिखने लगता है।

एक सरल विचार छोटा नहीं होता, बल्कि वह 'एकाग्र' होता है। वह बिना किसी डर या बढ़ा-चढ़ाकर सोचे बिना सीधे बात को देखता है। बच्चे यही करते हैं। वे लंबी चौड़ी सफाई नहीं देते। जो है, उसे महसूस करते हैं और आगे बढ़ जाते हैं। इस सादगी को अपनाकर हम दिमागी उलझनों से आज़ाद हो जाते हैं। सादगी हमें दूसरों की बातों को बिना किसी फालतू मतलब के समझने में मदद करती है, जिससे ज़िंदगी बोझिल नहीं लगती।

चिंतन को बनने दें काम का आधार

किसी स्थिति को समझने का मतलब हमेशा उसे बदलना नहीं होता। कभी-कभी पहला बदलाव हमारी 'नज़र' में होता है। जब हम थोड़ा पीछे हटकर सोचते हैं, तो हमें पता चलता है कि समस्या वह स्थिति नहीं, बल्कि उसके साथ हमारा जुड़ाव है।

प्रतिक्रिया देने से पहले खुद को सोचने का मौका देना हमारी गलतियों को कम करता है। हम खुद से पूछ पाते हैं: "मैं क्या महसूस कर रहा हूँ? यह बात मुझे इतना प्रभावित क्यों कर रही है?" ये सवाल काम को रोकते नहीं हैं, बल्कि उसे और भी समझदारी भरा बना देते हैं। धीरे-धीरे यह हमारी फितरत बन जाती है। तब हमारी प्रतिक्रियाओं में केवल विचार नहीं, बल्कि करुणा भी होती है।

एक शांत और स्पष्ट जीवन

इस किताब का सार कोई तकनीक सिखाना नहीं, बल्कि एक अलग 'नज़रिया' देना है। यह नज़रिया बहुत कोमल है, अंदर की ओर देखने वाला है और खुला है। यह हमें दुनिया के लिए 'परफॉर्म' करना बंद करने और खुद को सुनना शुरू करने के लिए प्रेरित करता है।

जब हम अपने विचारों से घबराए बिना उन्हें देखना सीख जाते हैं, अपनी बात सलीके से कहते हैं और अपने आंतरिक जुड़ाव के साथ फैसले लेते हैं, तो हम खुद पर भरोसा करने लगते हैं। वह भरोसा अपने साथ एक शांति लाता है। और उसी शांति से एक नई ज़िंदगी शुरू होती है, ऐसी ज़िंदगी जिसमें घटनाएँ भले ही न बदलें, पर उनके बीच से गुज़रने का हमारा तरीका बदल जाता है।

यह नया नज़रिया कोई ऐसी चीज़ नहीं है जिसे एक बार पा लिया और खत्म। यह वह दिशा है जहाँ हमें बार-बार लौटना पड़ता है, हर उस बार जब हम भटक जाते हैं। और हर बार जब हम यहाँ लौटते हैं, हम खुद को सच के और भी करीब, दूसरों से और भी जुड़ा हुआ और अपनी राह पर और भी ज़्यादा सुकून में पाते हैं।

परिशिष्ट

मुख्य परिभाषाएँ

इस किताब में हमने जिन बातों पर चर्चा की है, वे सिर्फ किताबी शब्द नहीं हैं। ये ऐसी चाबियाँ हैं जो हमारी ज़िंदगी, हमारी सोच और हमारे फैसलों के दरवाज़े खोलती हैं। इन शब्दों को गहराई से समझना इसलिए ज़रूरी है ताकि आप इन्हें सिर्फ पढ़ें नहीं, बल्कि अपने जीवन के अनुभवों में उतरता हुआ देख सकें।

1. **अभिव्यक्ति (Expression):** यह अपने अंदर के संसार को बाहर की दुनिया में लाने का एक तरीका है। हमारे मन में जो विचार, भावनाएँ, इच्छाएँ और अनुभव उमड़ते हैं, वे शब्दों, चेहरे के हाव-भाव, शरीर की भाषा, कला, संगीत या यहाँ तक कि खामोशी के ज़रिए भी बाहर आते हैं। अभिव्यक्ति सिर्फ दूसरों को कुछ बताने का जरिया नहीं है, बल्कि यह खुद को पहचानने और अपने मन की स्थिति को समझने का एक दर्पण भी है।

2. **विश्लेषण (Analysis):** इसका मतलब है किसी विषय, स्थिति या समस्या की तह तक जाना। इसमें हम उसके अलग-अलग पहलुओं को पहचानते हैं और देखते हैं कि वे एक-दूसरे से कैसे जुड़े हैं। यह सतह से गहराई की ओर जाने की एक प्रक्रिया है, जहाँ हम घटनाओं के असली कारणों और असर को समझने की कोशिश करते हैं। यह महज़ जानकारी जुटाना नहीं, बल्कि अपनी समझ (Insight) को मज़बूत बनाना है।

3. **निर्णय (Decision):** किसी स्थिति में अपनी राह या विकल्प को चुनना ही 'निर्णय' है। यह प्रक्रिया हमारे तर्क, जज़्बात, अनुभव और अंदरूनी ज़रूरत के मेल से बनती है। एक सच्चा फैसला वही है जो इंसान की अंदरूनी स्पष्टता और उसके उसूलों के साथ मेल

खाए। यह सिर्फ बाहर मौजूद विकल्पों को चुनना नहीं, बल्कि अपनी सच्चाई में जड़ें जमाकर अपनी राह चुनना है।

4. **आत्म-जागरूकता (Self-awareness):** खुद के प्रति सचेत होना, यानी यह जानना कि हम क्या सोच रहे हैं, क्या महसूस कर रहे हैं और हमारी प्रतिक्रियाओं की वजह क्या है। यह ऐसी सजगता है जो हमें बिना किसी सफाई या इनकार के, अपनी मानसिक और भावनात्मक प्रक्रियाओं को देखने की शक्ति देती है। यह खुद को जानने का पहला कदम है।
5. **आत्म-सुधार (Self-correction):** यह वह प्रक्रिया है जिसमें हम अपनी गलतियों, कमज़ोरियों या बिगड़े हुए व्यवहार को पहचानते हैं और उन्हें बेहतर बनाने की कोशिश करते हैं। यह खुद की निंदा करना नहीं है, बल्कि खुद को और बड़ा बनाने की दिशा में एक साहसी कदम है। इसमें इंसान अपनी सीमाओं को ठुकराता नहीं, बल्कि उन्हें स्वीकार करके धीरे-धीरे बदलता है ताकि ज़िंदगी और भी संतुलित और मकसदमंद बन सके।

मुख्य मनोवैज्ञानिक सिद्धांत और जीवन में उनका उपयोग

किताब की ये बातें हमारे मन की गहराई से जुड़ी हैं। नीचे कुछ ऐसे मनोवैज्ञानिक सिद्धांत दिए गए हैं जो अभिव्यक्ति, विश्लेषण और फैसले लेने की समझ को और भी साफ़ और व्यवहारिक बना देते हैं।

1. **आंतरिक नियंत्रण (Internal Locus of Control):** यह सिद्धांत कहता है कि जब इंसान को यह भरोसा हो जाता है कि उसकी ज़िंदगी की दिशा, उसकी सफलता या नाकामी उसके अपने फैसलों और कर्मों पर टिकी है, तो वह पहले से कहीं ज़्यादा

जागरूक और आत्मनिर्भर हो जाता है। यह सोच हमें दूसरों को दोष देने से रोकती है और हमें खुद को सुधारने के लिए तैयार करती है।

2. **प्रतिक्रिया बनाम प्रत्युत्तर (Reaction vs. Response):** जज़्बात में बहकर जो तुरंत निकल जाता है, वह 'प्रतिक्रिया' (Reaction) है, जबकि सोच-समझकर और ठहरकर दिया गया जवाब 'प्रत्युत्तर' (Response) है। जब हम बिना सोचे प्रतिक्रिया देते हैं, तो हालात हमें चलाते हैं। लेकिन जब हम रुककर सोच-समझकर जवाब देते हैं, तो हम हालात से ऊपर उठ जाते हैं।

3. **मेटाकॉग्निशन (Metacognition):** इसे "सोच के बारे में सोचना" कहते हैं। यह मन की वह ऊँचाई है जहाँ से आप अपनी ही सोच के तरीकों को देख सकते हैं। जब हम गौर करने लगते हैं कि हम कैसे सोचते हैं और क्यों बार-बार एक ही तरह की उलझनों में फँसते हैं, तो हमारे फैसले ज़्यादा साफ़ और स्थायी होने लगते हैं।

4. **संज्ञानात्मक पूर्वाग्रह (Cognitive Bias):** हमारी सोच में अक्सर कुछ पुराने पक्षपात या झुकाव छिपे होते हैं जो हमारे फैसलों को धुंधला कर देते हैं। जैसे, सिर्फ अपने नजरिए को सही मानना या पुरानी यादों के आधार पर आज के लोगों को परखना। सही विश्लेषण के लिए इन पूर्वाग्रहों को पहचानना और उनसे ऊपर उठना बहुत ज़रूरी है।

5. **विकासवादी मानसिकता (Growth Mindset):** यह सोच हमें सिखाती है कि हमारी काबिलियत कोई पत्थर की लकीर नहीं है, बल्कि मेहनत और अभ्यास से उसे बदला और बढ़ाया जा सकता है। जब हम "मैं ऐसा ही हूँ" के बजाय "मैं ऐसा बन सकता हूँ" की सोच अपनाते हैं, तो हम विकास के सच्चे रास्ते पर चल पड़ते हैं।

प्रमुख विचारकों और मनोवैज्ञानिकों के दृष्टिकोण

इस पुस्तक के विचार केवल लेखक की समझ तक सीमित नहीं हैं, बल्कि यह उस महान बौद्धिक परंपरा का हिस्सा हैं जहाँ आत्म-विश्लेषण और विकास को जीवन का केंद्र माना गया है। इन सिद्धांतों को और गहराई से समझने के लिए कुछ महान विद्वानों के विचारों को देखना मददगार होगा:

1. **कार्ल जुंग (Carl Jung):** जुंग का मानना था कि 'आत्म-साक्षात्कार' (Self-realization) ही जीवन का मुख्य लक्ष्य है। उन्होंने 'शेडो' (Shadow) का विचार दिया, यानी हमारे वे हिस्से जिन्हें हम खुद से छिपाते हैं या नकार देते हैं। उनके अनुसार, जब तक हम अपने इस छिपे हुए पक्ष को पहचानकर उसे स्वीकार नहीं करते, हम अंदर से पूरे नहीं हो सकते।

2. **सिगमंड फ्रायड (Sigmund Freud):** फ्रायड ने समझाया कि हमारे व्यवहार और हमारी बातों पर हमारे 'अचेतन मन' का गहरा असर होता है। हमारी कई प्रतिक्रियाएँ और फैसले उन दबी हुई इच्छाओं या पुराने अनुभवों से निकलते हैं जिन्हें हम भूल चुके होते हैं। फ्रायड की सोच हमें सिखाती है कि अगर हम अपनी अभिव्यक्ति को समझना चाहते हैं, तो हमें अपने अंदर की छिपी भावनाओं का सामना करना ही होगा।

3. **मार्टिन हाइडेगर (Martin Heidegger):** हाइडेगर का दर्शन इंसान के वजूद की गहराई की बात करता है। उनका कहना था कि हम खुद को तब तक नहीं समझ सकते जब तक हम अपनी यादों, डरों और जीवन की नश्वरता को स्वीकार न कर लें। यह इस किताब के मूल विचार, कि हर अनुभव में विश्लेषण और अभिव्यक्ति छिपी है, से बहुत मेल खाता है।

4. **अब्राहम मैस्लो (Abraham Maslow):** मैस्लो ने इंसानी ज़रूरतों का एक क्रम बताया, जिसमें 'आत्म-सिद्धि' (Self-actualization) को सबसे ऊपर रखा। उन्होंने ज़ोर दिया कि इंसान अपनी पूरी काबिलियत तक तभी पहुँच सकता है जब उसकी बुनियादी ज़रूरतें (जैसे सुरक्षा और रिश्ते) संतुलित हों। उनका नज़रिया हमें यह समझने में मदद करता है कि हमारे फैसले हमारी ज़रूरतों और हमारे विकास से कैसे जुड़े हैं।

धन्यवाद

www.ingramcontent.com/pod-product-compliance
Lightning Source LLC
LaVergne TN
LVHW090413210926
848480LV00002B/558